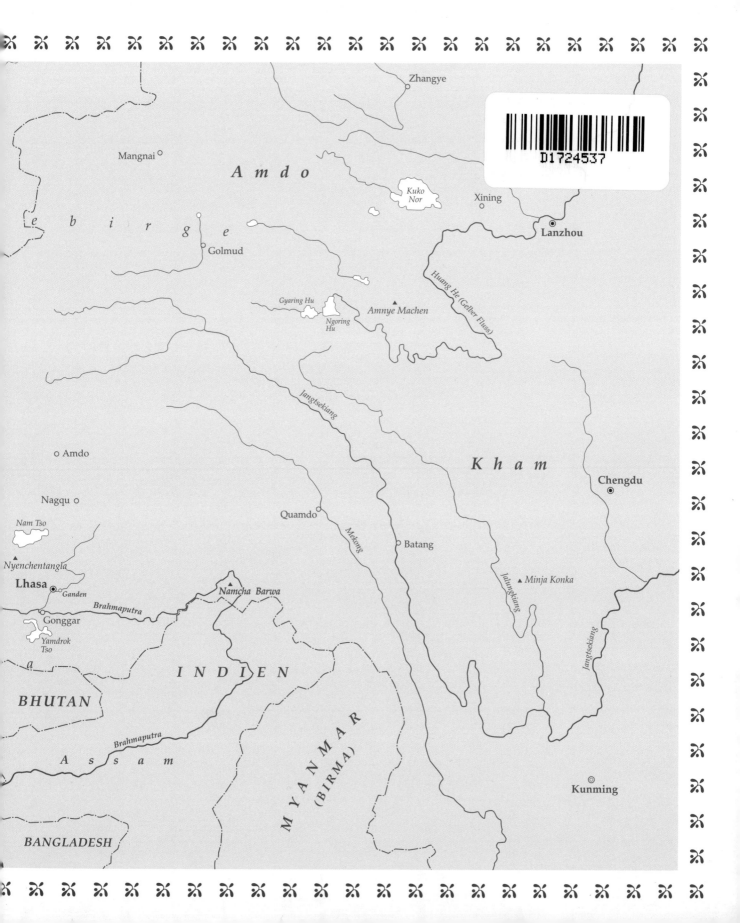

Die tibetische Küche

Karin Brucker · Christian Sohns

Die tibetische Küche

108 Köstlichkeiten
vom Dach der Welt

Mit Texten von
Alexandra David-Néel

MARY HAHN

Einleitung 6

Die Rezepte 33

Rezeptregister 142

Tischgebet an Chenresig

ཇོ་བོ་སྐྱོན་གྱིས་མ་གོས་སྐུ་མདོག་དཀར།

རྫོགས་སངས་རྒྱས་ཀྱིས་དབུ་ལ་བརྒྱན།

ཐུགས་རྗེའི་སྤྱན་གྱིས་འགྲོ་ལ་གཟིགས།

སྤྱན་རས་གཟིགས་ལ་མཆོད་པ་འབུལ།

ༀ་མ་ཎི་པདྨེ་ཧཱུྃ།

Der Bodhisattva Chenresig - Schutzpatron Tibets

Oh mächtiger Makelloser, Dein Körper ist weiß,

Dein Haupt krönt der vollendete Buddha.

Voller Mitgefühl schaust Du auf die Wesen,

Dir Chenresig bringe ich dar.

Om Mani Padme Hum

Einleitung

Inspiriert durch den tibetischen Buddhismus, haben wir uns viel mit dem Land Tibet, seinen Menschen und Gewohnheiten, wie seinen Ritualen und Gebräuchen beschäftigt. Der Kontakt mit den kulinarischen Genüssen Tibets ist bei Reisen in die durch Tibet beeinflussten Regionen selbstverständlich. Wer einmal die köstlichen tibetischen Momos in ihren verschiedenen Zubereitungsformen kennen gelernt hat oder im kalten Winter eine gehaltvolle Suppe zum Aufwärmen, oder sich an Feiertagen genüsslich an den Khapse oder süßem Reis satt gegessen hat, der wird den Geschmack nicht vergessen.

Oft, wenn wir Freunden und Bekannten von den Reisen erzählen, servieren wir auch ein paar kulinarische Köstlichkeiten aus Tibet und seinen Nachbarländern. So entstand der Wunsch nach einem Kochbuch, sodass man sich auch zu Hause »ein bisschen Tibet« bereiten kann.

Die tibetische Küche ist eigentlich sehr einfach. Es gibt nur wenige Vegetarier, die meisten essen gerne und viel Fleischgerichte. Die Gewürze, die man in vielen Rezepten wiederfindet, sind Ingwer, Kumin, Curry, Chili oder Koriander. Ihre Mischung macht den typisch »tibetischen Geschmack« und auch das Aroma aus. Im Gegensatz zur indischen Küche ist die tibetische weniger scharf. Hier und da gibt es auch scharfe Gerichte, doch ihre Gewürzmischung ist mit der indischen, die für Westler oft kaum zu goutieren ist, unvergleichbar. Natürlich ist die tibetische Küche auch von Indien, Nepal und China beeinflusst. Gewürze wie Garam Masala, Kurkuma und Curry sind keine traditionell tibetischen Gewürze. Sie stammen aus Indien und Nepal und werden bis heute von dort eingeführt. Die Eigenart, Nahrungsmittel zu dämpfen, stammt ebenfalls nicht aus Tibet, sondern ist ein Einfluss der chinesischen Küche. Auch die in vielen Gerichten vorkommende Sojasauce stammt ursprünglich aus China. Was viele nicht vermuten: Auch das Wort Momo ist chinesisch und bedeutet einfach nur Brot, hat in Tibet aber einen Bedeutungswandel erfahren.

Dennoch gibt es eine Reihe ganz traditioneller Gerichte, die wir hier versucht haben zusammenzustellen, die es nur in der tibetisch beeinflussten Region gibt. Variationen z. B. mit Gemüsen, die nicht in Tibet angebaut werden, haben sich natürlich auch in die moderne tibetische Küche hineingemischt.

Viele sagen, dass die tibetische Küche nur wenig zu bieten hat. Das mag einer der Gründe sein, warum es in Deutschland bis heute kein tibetisches Kochbuch auf dem Markt gegeben hat. Aber dennoch ließen sich bei unseren Recherchen viele interessante Rezepte finden, die manchmal Rezepten aus Europa ähneln oder auch wieder vollkommen unterschiedlich sind. So haben wir nicht nur Rezepte aus Tibet, sondern auch einige Rezepte aus Nord-Nepal, Ladakh, Bhutan und Sikkim übernommen. Länder, die seit Jahrhunderten in engem kulturellem Kontakt zu Tibet stehen, die von tibetischen Volksgruppen bewohnt werden, die tibetische

Dialekte sprechen und die tibetische Form des Buddhismus praktizieren. Da die Tibeter aus religiösen Gründen sehr wenig Hühnerfleisch verzehren, war es sinnvoll, einige Rezepte mit Hühnerfleisch aus den Nachbarländern zu übernehmen. Wer nicht gerne rotes Fleisch isst, kann natürlich versuchen, bei anderen Rezepten das Fleisch mit Geflügel zu ersetzen, oder wer ganz auf Fleisch verzichten möchte, kann das Fleisch auch mit Tofu austauschen. Tofu breitet sich seit neuestem auch in Tibet immer mehr aus, da er den frommen Buddhisten ermöglicht, schmackhaft und gehaltvoll zu kochen. Manche Zutaten, wie Bockshornkleesamen oder Tamarinden, kann man in der Regel in gut sortierten China- oder Asialäden bekommen. Gewürze wie Garam Masala oder Kurkuma bekommt man dort ebenfalls. Wer gerne öfters tibetisch kochen möchte, für den lohnt es sich sicher, in einen Bambuskochtopf zu inverstieren. Man bekommt sie preisweit in jedem Asialaden.

Tsampa, Momos und Suppen machen den Löwenanteil der tibetischen Küche aus. Aber allein die vielen Möglichkeiten, Momos zu füllen, zeigen, dass sich durch Variationen ein Gericht vielfältig gestalten lässt. Gedämpft, gekocht oder gebraten, die unterschiedlichen Formen der Momos und nicht zuletzt eine Vielzahl von Dips und Saucen - die Kombinationsmöglichkeiten sind unendlich. Die Backrezepte mit Teigen aus den verschiedensten Zutaten und die vielen verschiedenen Arten, den Teig zu formen, sind eine willkommene Abwechslung in unserer Küche.

Bei den Angaben zu den Gewürzen haben wir uns etwas nach dem »westlichen Geschmack« und unseren eigenen Erfahrungen gerichtet. Dies kann aber jeder individuell variieren. In vielen Gerichten kommt Chili vor. Hier sollte jeder selbst entscheiden, mit welcher Art von Chili er am besten zurechtkommt. Entsprechendes gilt auch für die Chilimengen. Wer es lieber mild hat, sollte mit zu viel Chili vorsichtig sein. Gleiches gilt auch für die Mengen an Knoblauch, die manchen als zu viel erscheinen mag, die sich aber ebenfalls individuell reduzieren lässt.

Hier im Westen ist es nicht immer einfach, Originalzutaten zu bekommen. Mit frischem Yakfleisch tun wir uns schwer, auch mit Yakkäse - manche Gemüsearten kennen wir hier überhaupt nicht. Wir haben uns bemüht, diese Zutaten geeignet zu ersetzen, um die Rezepte ohne große Geschmacksveränderungen hier wiedergeben zu können.

Interessant waren für uns auch die kulinarischen Erkenntnisse der Alexandra David-Néel, die wir an vielen Stellen zitiert haben. Wir wollten sie an den diversen Stellen unverfälscht wiedergeben, mit ihrer für die damalige Zeit typischen Sprache und Gestus. Daher kommt es im Buch möglicherweise zu Irritationen, wenn Alexandra David-Néel etwa von Tibetanern spricht, oder wir, in heute korrektem Deutsch, von Tibetern. Die tibetischen Namen der verschiedenen Gerichte, Eigennamen, Fachausdrücke oder Städte haben wir nicht in der französischen Umschrift, wie sie bei Alexandra David-Néel vorkommt, übernommen, sondern in die heutige gebräuchliche Umschrift gesetzt. Die Namen der Gerichte sind soweit sie bekannt waren auch in tibetischer Schrift abgedruckt.

Einstweilen wünschen wir allen ein fröhliches Nachkochen - und vergessen Sie nicht, ein tibetisches Tischgebet vor dem Verzehr zu rezitieren und drei Tropfen des Getränks mit dem Ringfinger in die Luft zu spritzen, um sie den Hungergeistern darzubringen - dann ist die gute Bekömmlichkeit auf allen Ebenen gesichert!

Tibet, das Dach der Welt

Die Tibeter nennen ihr Land Bö བོད་, sich selbst bezeichnen sie als Böpa. Auf Chinesisch heißt Tibet Xizang. Tibet, mit einer Gesamtfläche von ca. 1,22 Millionen Quadratkilometern und einer Einwohnerzahl von 2 Millionen Menschen, gehört seit 1965 offiziell zu China, das Tibet im Jahr 1950 gewaltsam besetzt hat. Seither wird Tibet als »Autonome Region Tibet« bezeichnet. Durch die Siedlungspolitik der chinesischen Regierung machen die Han-Chinesen einen Großteil der Bevölkerung aus.

Vor der Besatzung Tibets bestand Tibet aus fünf Provinzen. Den beiden Hochgebirgssteppen-Provinzen »Ngari« und »Tsang« mit dem Zentrum Shigatse, der zweitgrößten Stadt Tibets, im Westen, »Ü« mit der tibetischen Hauptstadt Lhasa als Zentrum und den beiden Provinzen »Kham« und »Amdo« im Osten, die aus fruchtbaren Tälern bestehen.

Im Osten grenzt Tibet an Indien, im Norden an die Autonome Region Xinjiang Ugyur, sowie an die Provinz Qinghai, östlich an die Provinzen Sichuan und Yunnan. Im Süden liegen die Staaten Nepal, Bhutan, Indien und Burma.

Mit einer Durchschnittshöhe von 4.500 Meter ist Tibet das höchstgelegene Land der Erde und wird daher oft als das »Dach der Welt« bezeichnet. Das besiedelte Hochplateau steigt von 3.600 auf 5.200 Meter an.

Zwischen drei gewaltigen Bergmassiven gelegen, dem Karakorum im Westen, dem Himalaya im Süden und dem Kunlun Shan im

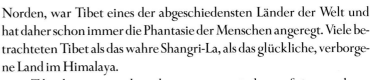

Norden, war Tibet eines der abgeschiedensten Länder der Welt und hat daher schon immer die Phantasie der Menschen angeregt. Viele betrachteten Tibet als das wahre Shangri-La, als das glückliche, verborgene Land im Himalaya.

Tibet liegt, was viele nicht vermuten würden, auf einem subtropischen Breitengrad. Lhasa, die Hauptstadt Tibets, liegt tatsächlich auf demselben Breitengrad wie Alexandria in Ägypten.

Aufgrund der extremen Höhe herrschen in Tibet im Jahresdurchschnitt aber nur ca. 1,1° C. Die Hauptstadt Lhasa hat einen Jahresdurchschnitt von ca. 9° C. Die Sommer sind warm, die Winter sehr kalt. Die Temperaturen schwanken im Laufe eines Tages stark, bis zu 30° C und mehr.

Der Niederschlag ist in Tibet sehr gering, nur etwa 400 ml pro Quadratmeter. Insbesondere Nord- und Westtibet sind extrem trockene Gebiete mit einem sehr spärlichen Pflanzenwuchs. Im Hochland von Tibet entspringen viele der wichtigsten Flüsse Asiens, so zum Beispiel der Indus, der Sutlej und der Ganges, der heilige Fluss der Hindus. Auch der Mekong, der Jangtsekiang und der »Gelbe Fluss« Huang He entspringen im Norden des Landes. Der Brahmaputra, auf tibetisch Yarlung Tsangpo, ist der längste Fluss Tibets.

Nur in den Flusstälern gibt es Wälder und die Möglichkeit für eine geregelte Landwirtschaft und Obstanbau. An Obst werden vor allem Äpfel, Birnen, Pfirsiche und Aprikosen angepflanzt. In der Landwirtschaft, die hauptsächlich der Deckung des Eigenbedarfs dient, werden Gerste, Weizen, Buchweizen, Roggen, Sojabohnen, Kartoffeln und Gemüse angebaut.

Tibet ist ein Land reich an Bodenschätzen und hat damit schon immer das Interesse der Nachbarvölker erregt. Es gibt unter anderen Gold und Edelsteine, wie Jade und Lapislazuli, Eisenerz, Borax, Kohle und vor allem Erdöl. Vor der Besatzung Tibets wurden diese jedoch nur in sehr geringem Maße abgebaut.

Tibet besitzt auch eine reiche Fauna. So leben in den Berggebieten Moschushirsche, Yaks, Schafe, Ziegen und tibetische Antilopen. Es gibt eine große Vielzahl an Vögeln, zum Beispiel Steppenhühner sowie Bären, Wölfe, Füchse und sogar Tiger und Leoparden.

Die Besiedlung Tibets begann wohl vor ca. 50.000 Jahren in der Altsteinzeit über das Gebiet der Provinz Amdo. Die Tibeter waren traditionell Nomaden, ein Hirtenvolk ohne festen Wohnsitz. Feste Siedlungen entstanden meist erst später in der Umgebung von Klöstern und waren oft nicht sehr groß, da die Landwirtschaft nur begrenzte Erträge erbringen konnte. So hatte selbst die Hauptstadt Lhasa vor dem Einmarsch der Chinesen 1950 nur ca. 30.000 Einwohner.

Als eigentliches Zentrum und zugleich Ursprung der tibetischen Kultur entwickelte sich das fruchtbare Tal von Yarlung, 200 Kilometer südöstlich von Lhasa. Noch heute kann man das alte zerstörte und wieder errichtete Schloss vom Yumbulhakhang bewundern. Ein wichtiges Symbol der einzigartigen tibetischen Hochkultur.

Die Legende berichtet, dass die ersten Könige Tibets direkt vom Himmel auf die Erde herabgestiegen und am Ende ihres Lebens an einem Seil zurückgekehrt sein sollen. Unglücklicherweise durchtrennte aber einer der frühen Könige versehentlich das Seil, sodass er und alle nachfolgenden Könige wie gewöhnliche Menschen sterben mussten.

Im Jahre 172 n. Chr. wurde Tho-tho-ri Nyentsen geboren, der als 28. in der Reihe der tibetischen Könige betrachtet wird. Er soll bereits mit den buddhistischen Lehren in Kontakt gekommen sein. Die insgesamt 41 Könige der so genannten Yarlung-Dynastie regierten bis 842 n. Chr.

Der eigentliche Gründer des tibetischen Reiches war der große König Songtsen Gampo, der von 608 bis 650 n. Chr. regierte. Im Jahre 641 heiratete er die chinesische Prinzessin Wen Cheng und die nepalesische Prinzessin Brikhuti Devi, zwei fromme Buddhistinnen. Beide werden von den Tibetern als Ausstrahlungen des weiblichen Bodhisattva Tara (tib. Dölma) betrachtet. Unter ihrem Einfluss wurden die ersten buddhistischen Tempel Tibets errichtet, so auch der berühmte Jokhang-Tempel in Lhasa, der bis heute das wichtigste Heiligtum der tibetischen Buddhisten darstellt.

Songtsen Gampo verlegte die Hauptstadt nach Lhasa, sandte Gelehrte nach Indien, um auf der Grundlage indischer Schriften eine Schrift für die tibetische Sprache zu entwickeln. Außerdem führte er

Geschichte Tibets

Der weibliche Bodhisattva Tara (tib. Dölma), als deren Ausstrahlung die Gemahlinnen von König Songtsen Gampo betrachtet wurden

Der berühmte Yogi Padmasambhava

den tibetischen Kalender sowie Maß- und Gewichtseinheiten ein und errichtete eine Infrastruktur. Auf diese Weise ebnete er den Weg zur Großmachtpolitik seiner Nachfolger.

Bis ins 8. Jahrhundert eroberten die tibetischen Könige Teile Indiens, Nepals und Turkistans. Im Jahr 763 eroberten sie sogar Changan, die Hauptstadt des damaligen chinesischen Reichs (heute Xian), und Tibet erreichte damals die größte Ausdehnung seiner Geschichte.

Unter König Trisong Detsen, der 755-797 n. Chr. herrschte, konnte sich der Buddhismus mit Hilfe des großen indischen Missionars und Yogis Padmasambhava, der von den Tibetern liebevoll »Guru Rinpoche - Kostbarer Lehrer« genannt wird, gegen die einheimische Bön-Religion durchsetzen. Um 770 n. Chr. wurde Samye, das erste buddhistische Kloster Tibets, erbaut und die ersten Tibeter als Mönche geweiht. Auf Padmasambhava berufen sich die Anhänger der Nyingma-Schule, der ältesten Schule des tibetischen Buddhismus.

Unter König Langdarma, der 836-842 n. Chr. herrschte, kam es zu einer Verfolgung der Buddhisten, da er die alte Bön-Religion wieder einführen wollte. Nach seinem gewaltsamen Tod zerfiel das tibetische Reich in viele kleine Fürstentümer. Um das Jahr 970 n. Chr. kam es zu einer Wiederbelebung des Buddhismus. Der tibetische Yogi Milarepa besiegte schließlich in einem symbolischen Kampf am heiligen Berg Kailash einen Bön-Magier, was den endgültigen Sieg des Buddhismus darstellte. Milarepa ist einer der Urväter der Kagyü-Schule des tibetischen Buddhismus.

Im Jahr 1042 kam der berühmte indische Lehrer Atisha nach Tibet, um den Buddhismus zu erneuern und Klöster zu gründen. 1072 wird das Kloster Sakya gegründet, das zum Hauptsitz der nach ihm benannten Sakya-Schule des tibetischen Buddhismus wird. Diese Schule spielte eine große Rolle im Verhältnis zwischen Mongolen und Tibetern. Die Oberhäupter der Sakya-Schule wurden von den Mongolen zeitweise als Regenten über Tibet eingesetzt.

Im Jahr 1207 unterwarf der mongolische Herrscher Dschingis Khan Tibet, doch bestanden zwischen Tibet und der Mongolei eher freundschaftliche Beziehungen. So waren tibetisch-buddhistische Meister häufig Lehrer und Berater der Khane und im Laufe der Zeit übernahm auch das mongolische Volk den tibetischen Buddhismus.

Im 15. Jahrhundert reformierte ein buddhistischer Lehrer namens Tsongkhapa den tibetischen Buddhismus und gründete im Jahr 1409 die so genannte Gelug-Schule des tibetischen Buddhismus, die »Tugendschule«. Im Gegensatz zur Nyingma-, Kagyü- und Sakya-Schule, die man »Rotmützen« nennt, bezeichnet man die Gelug-

Schule als »Gelbmützen«. Diese Namen beziehen sich auf die Farben der rituellen Kopfbedeckung der Mönche.

Die drei größten Klöster der Gelug-Schule Ganden, Drepung und Sera, die richtige Universitäten beherbergten, wurden auch als die »drei Säulen« des Staates betrachtet. Im Kloster Ganden hielten sich zeitweise über 10.000 Mönche auf.

Einem Neffen und Schüler Tsongkhapas, Gendün Drub (1391-1475), wurde posthum der Titel erster Dalai Lama verliehen. Erst der dritte Dalai Lama Sonam Gyatso trug diesen Titel, der mongolischen Ursprungs ist und so viel wie »Ozean des Wissens« bedeutet und der ihm vom Mongolenherrscher Altan Khan verliehen wurde, zu Lebzeiten. Die Dalai Lamas gelten als Ausstrahlungen des Bodhisattva Avalokiteshvara. Ihre Nachfolge wird durch das so genannte Tulku-System bestimmt, wobei nach dem Tod eines Dalai Lama ein Kind als dessen Inkarnation erkannt und inthronisiert wird.

Der fünfte Dalai Lama (1617-1682), der auch »Der Große« genannt wird, erhielt vom Mongolenherrscher Gushri-Khan die weltliche und geistliche Macht über Tibet zugestanden. Er ließ 1634 den Potala, den großen Winterpalast der Dalai Lamas, in Lhasa bauen. Die Dalai Lamas fungierten in der Folgezeit als Berater und geistliche Lehrer der chinesischen Kaiser und als geistliche und weltliche Herren Tibets.

1624-63 unterhielten italienische Jesuiten in Tibet eine Mission. Mit dem Jesuiten Ippolito Desideri, der Tibet im Jahr 1716 erreichte, begannen die eigentlichen Kontakte zur westlichen Welt.

1876 wurde der 13. Dalai Lama Thubten Gyatso geboren, ein großer Reformer und Politiker, der Tibet in die vollkommene Unabhängigkeit führte. Zu Beginn des 20. Jahrhunderts gab es in Tibet an die 500.000 Mönche und Nonnen.

Im Jahr 1904 erzwang eine britische Strafexpedition unter Oberst Younghusband die Öffnung Tibets für den Westen und errichtete zwei Handelsposten.

Am 6. Juli 1935 wurde der 14. Dalai Lama Tenzin Gyatso geboren und schon im Kindesalter inthronisiert.

Am 1. Oktober 1949 proklamierte Mao Zedong die kommunistische Volksrepublik China und im Anschluss daran brachte die chinesische Volksbefreiungsarmee große Teile Amdos unter ihre Kontrolle. 1950 eroberten chinesische Truppen weite Teile Osttibets und 1951 erreichten sie Lhasa. Eine tibetische Delegation musste in Peking unter Zwang ein »17-Punkte-Abkommen zur friedlichen Befreiung Tibets« unterzeichnen.

Monumentalstatue des Bodhisattva Maitreya – dem Buddha der Zukunft, aus Tikse

Am 10. März 1959 kam es zu einem Volksaufstand der Tibeter gegen die chinesische Fremdherrschaft, der von China blutig niedergeschlagen wurde. Viele Tausend Tibeter kamen dabei ums Leben und der 14. Dalai Lama musste nach Indien ins Exil fliehen. In den folgenden Jahren, der so genannten »Kulturrevolution«, wurden über 90% der Tempel, Klöster und Kulturdenkmäler zerstört. Hunderttausende Tibeter verloren auf gewaltsame Weise ihr Leben oder flohen ins Exil.

1960 gab es im indischen Exil zum ersten Mal in der Geschichte Tibets demokratische Wahlen und 1963 konnte der Dalai Lama die erste demokratische Verfassung Tibets verkünden. Fünf Jahre später wurde von den Chinesen die »Autonome Region Tibet« gegründet, wobei die Hälfte des Staatsgebiets an chinesische Provinzen fiel.

Seit 1987 gelangten mehrfach Meldungen an die Weltöffentlichkeit, die über Demonstrationen in Tibet berichteten, die jedoch alle von China gewaltsam beendet wurden.

Am 5. Oktober 1989 bekam der 14. Dalai Lama in Oslo den Friedensnobelpreis verliehen, um ihn für seinen unermüdlichen Einsatz in der friedlichen Lösung des Tibet-Konflikts auszuzeichnen.

Bauern in Tibet

Bereits in früher Zeit begann die Geschichte der Bauern, die als »shingpa« bezeichnet werden. Schon in ältesten archäologischen Fundstätten Tibets, die auf 3000 bis 4000 v. Chr. datiert werden, befinden sich Reste von Häusern, die von Menschen bewohnt waren, die Ackerbau und Viehzucht betrieben. Dies erkennt man an Resten von Getreidekörnern und Tierexkrementen.

Ackerland macht in Tibet nur einen geringen Teil der Gesamtfläche aus. Die relativ kleinen bebaubaren Ackerlandstreifen entlang der Flusstäler gab es im traditionellen Tibet mehr als genug, um den Bedarf der Bevölkerung an Getreide zu decken. Die Familienstruktur der Bauern war häufig polyandrisch, was bedeutet, dass zwei Brüder die gleiche Frau heirateten, ein System, das sich in Jahrtausenden in dieser unwirtlichen Region hervorragend bewährt hat. Es diente dazu, die Bevölkerungsdichte stabil zu halten und die ohnehin sehr begrenzten Ackerflächen nicht unnötig durch Erbe aufzuteilen, da die Erbfolge jedes Kind gleichermaßen bedachte. Fast jede Familie gab einen Sohn oder eine Tochter in ein Kloster, was demselben Ziel diente. Diese Traditionen haben durch Jahrhunderte hindurch eine stabile und sich selbst versorgende Kultur garantiert.

Organische Methoden des Getreide-Anbaus, Fruchtwechsel, Zeiten des Brachliegens und gemischter Ackerbau erhielten die

Fruchtbarkeit des Bodens in dieser überaus empfindlichen Gebirgsgegend. Es wurde vorwiegend Hochlandgerste angebaut, aber auch ansehnliche Mengen an Reis, Mais, Senf, Hirse, Buchweizen und Rapssamen produziert, dazu eine Reihe von Gemüsearten, die dank des reichlichen Sonnenscheins oft üppig gediehen. Zu den typischen Geräten der tibetischen Bauern gehören Hacke, Schaufel, Sichel, Tragekorb, Handwagen und ein von Yaks gezogener Nagelpflug. Die tibetischen Bauern verbringen viel Zeit damit, den ganzen Tag auf dem Boden kniend zu arbeiten. Jede Phase der Feldarbeit wird von religiösen Ritualen begleitet, die Segen herabrufen, die Gottheiten günstig stimmen und die Fruchtbarkeit des Feldes fördern sollen. So werden

zur Zeit der Getreideaussaat mitten auf dem Feld eine Stange mit Gebetsfahnen eingepflanzt und die vor den Pflug gespannten Yaks mit symbolischen roten Schleifen geschmückt. In vielen Dörfern war es Brauch, und ist es teilweise auch heute noch, dass man den Kanjur (die gesammelten Worte Buddhas in 108 Bänden) in einer langen Prozession über die Felder trug und sich so den Segen Buddhas erbat.

Tibeter bei
der Getreideernte

15

Ein typisch tibetisches Bauernhaus wird aus getrockneten Schlammziegeln erbaut. Auf dem Flachdach, das aus gestampftem, getrocknetem Lehm besteht, werden die Produkte der Landwirtschaft sowie Obst für den Winter in der Sonne getrocknet. Vor dem Haus befindet sich häufig ein kleiner Hof, auf dem die meisten häuslichen Aktivitäten ablaufen.

Chinas Zerstörung der traditionellen Land- und Viehwirtschaft des Plateaus begann mit den so genannten »demokratischen Reformen« der Kommunisten in den fünfziger und sechziger Jahren. Durch die Neuverteilung des Viehbestandes, das Verbot von Tauschhandel, die Erhebung von Steuern und den Klassenkampf kam es zu einer Verringerung des Viehbestands und zum ersten Mal in der Geschichte Tibets kam es zu einem Mangel an Getreide. 1966–76 führte die Kulturrevolution Kommunen ein, womit der Privatbesitz von Land und Vieh zu existieren aufhörte. Durch die Besteuerung, die Produktionsquoten, den Export wichtiger Güter wie Fleisch und Getreide nach China und die Änderungen in der Landwirtschaftspolitik, welche die gesellschaftlichen und geografischen Realitäten Tibets vollkommen ignorierte, wurde Tibet von einer großen Hungersnot heimgesucht, die viele Todesopfer forderte. Seit es den Tibetern wieder erlaubt ist, selbstständig ihre Felder zu bewirtschaften, ist auch die Versorgung mit Getreide wieder gesichert.

Nomaden, oder »drokpa«, zogen schon immer mit ihren gemischten Herden über die Weidegründe, Steppen und Berghänge, die Tibet charakterisieren. Ihr Weideland macht 70% des Plateaus aus, auf dem heute rund 1 Million Nomaden und Halbnomaden bis zu 70,2 Millionen Tiere hüten. Die Chinesen sehen diesen schwer kontrollierbaren Lebensstil nicht gerne und so erwähnte der stellvertretende Landwirtschaftsminister Chinas 1998 lobend, dass 67% der Hirten von Amdo nun sesshaft geworden seien, in Häusern wohnten und ein Ende des Nomadentums bald zu erwarten sei.

Für das unwirtliche Hochland Changtang in Nordtibet, das teilweise über 5.000 Meter hoch liegt, sind die Zelte und Herden der Nomaden immer noch typisch. Die Nomaden führen in den milderen Sommermonaten in dieser baumlosen, steinigen Hochebene als Wanderhirten ein einfaches Leben mit vielen Entbehrungen. Das Feuer wird noch wie vor Jahrhunderten mit Feuerstein, Stahlklinge und trockenem Moos entfacht. Die Tage sind in diesen Höhen durch starke Temperaturschwankungen gekennzeichnet, die manchmal mehr als

Die Nomaden des Hochlands

50° C betragen. Nachts können die Temperaturen leicht weit unter den Gefrierpunkt fallen.

Die Nomaden treiben Viehzucht mit Schafen, Ziegen und Yaks. Manchmal betätigen sie sich auch als Jäger, wobei sie hauptsächlich Gazellen, Füchse und Esel jagen. In vergangenen Zeiten waren die Nomaden der Hochebenen bei Forschern wie auch bei einheimischen Reisenden recht gefürchtet, da sie manchmal als Räuber auftraten.

Der Yak ist den Hirtenfamilien ein überaus wertvolles Tier. Mit seinem Fleisch und seiner Milch ernährt es die Menschen. Die Yak-Butter ist Grundlage für den salzigen Buttertee, dem lebenswichtigen Grundnahrungsmittel dieser Menschen. Da die Nomaden in Höhen zwischen 4.000 und 5.500 Metern leben, verdunstet ihr Körper große Mengen an Wasser. Diesen Flüssigkeitsverlust ersetzt man durch den salz- und fetthaltigen Buttertee. Die extrem starke UV-Strahlung der Sonne, die durch die dünne, staub- und wasserarme Luft kaum verringert wird, versuchen die Nomaden durch den Gebrauch von Yakbutter als Sonnenschutzcreme abzuhalten. Da Wasser für die Körperpflege in diesen Gegenden rar ist, dient Yakbutter zugleich der Körperpflege.

Nomade bei der Teezubereitung

Aus der Milch der Tiere wird Käse gewonnen, der in getrockneter Form fast unbegrenzt haltbar ist. Die Haut und die Haare des Yaks werden unter anderen zu Decken, Booten, Kleidung und Stiefeln sowie zu Zelten verarbeitet. Der getrocknete Dung der Tiere dient den Nomaden als Brennmaterial zum Kochen und zur Heizung der Zelte. Die Nomaden fertigen fast alles, was sie zum Leben brauchen, selbst, die Zelte, Decken und Werkzeuge. Die Kleidung der Menschen besteht aus Fell oder aus selbstgewobenen Textilien. Die Frauen schmücken sich mit selbstgewobenen Bändern, Korallen und Türkisen. Häufig tragen die Hirten ihre Nahrungsmittel und ihre wenigen Habseligkeiten in der Kleidung, in einer Ausbuchtung oberhalb des Gürtels, mit sich.

Neben der Viehzucht spielt auch die Wollgewinnung eine große Rolle im Leben der Nomaden. Zusammen mit Salz wird die Wolle als

Handelsgut in die angrenzenden Länder, zum Beispiel in die abgelegenen Regionen Humla und Mustang in Nepal, exportiert.

Sind die Weidegründe aufgebraucht, packen die Nomaden ihre Habseligkeiten auf die Rücken der Yaks und ziehen zu ergiebigeren Weidegründen weiter. Über Jahrhunderte hinweg gaben die Nomaden das Wissen weiter, wie man das Grasland durch ein kompliziertes System der zyklischen Beweidung gesund und lebensfähig erhalten kann. Im Winter bringen die Nomaden ihre Familien und Herden in die wärmeren Flusstäler in niedrigere Höhenlagen.

Neben den Nomaden und den Bauern gibt es Halbnomaden, die als »samadrok« bezeichnet werden. Sie leben in einer Art Bauernhaus, bearbeiten ihre Felder, besitzen aber auch Tiere. Man findet sie vor allem in den unwegsamen Gebieten der von Bauern bewohnten Tälern.

Mönche

Bis zur Besatzung Tibets durch die Chinesen soll es in Tibet an die 500.000 Mönche und Nonnen gegeben haben, die in unzähligen Klöstern und Einsiedeleien lebten. Es gab die vier großen Klosterstädte: Drepung, Sera, Ganden und Tashilhunpo, wovon Drepung zeitweise über 10.000 Mönche beherbergte. Mit dem 5. Dalai Lama nahm die Klosterstruktur in Tibet gigantische Ausmaße an. Eine Schätzung des Jahres 1663 weist auf die Existenz von 1.800 Klöstern mit über 100.000 Mönchen und Nonnen hin. Die Klöster waren autonome Hochburgen, frei von jeglicher Steuer und Frondienstpflicht.

Offiziellen chinesischen Angaben zufolge gibt es heute in Tibet nur noch 46.300 buddhistische Mönche und Nonnen in 1.787 Klöstern, Tempeln und Stätten der religiösen Anbetung. Die Wahrheit sieht sicher sehr viel anders aus. Die Anzahl von Mönchen und Nonnen ist in den letzten Jahren weiter gesunken, besonders seit dem Beginn der »patriotischen Umerziehungskampagne« Mitte der 90-er Jahre, in deren Folge viele Mönche und Nonnen aus ihren Klöstern vertrieben wurden, weil sie den Dalai Lama nicht verunglimpfen wollten oder weil sie als »politisch ungeeignet« betrachtet wurden, um Mönch oder Nonne zu sein. Die genannten Zahlen betreffen nur die Autonome Region Tibet, denn über 100.000 tibetisch-buddhistische Mönche/Nonnen leben in den anderen tibetischen Gebieten Chinas, den Provinzen Sichuan, Yunnan, Gansu und Qinghai.

Mönche und Nonnen gehören zum Straßenbild Tibets. Dabei muss man zwischen den Mönchen unterscheiden, die schon von Kindesbeinen an im Kloster leben, und denjenigen, die erst, nachdem sie eine Familie gegründet haben, einen Beruf erlernt und im letzten Teil ihres Lebensabschnittes angekommen sind, in ein Kloster eintreten. In jeder Familie werden kleine Kinder schon im Alter von fünf oder sechs Jahren in die Klöster gegeben. Sie erhalten dort eine gute Ausbildung bezüglich des Buddhismus. Sie lernen buddhistische Texte zu lesen und zu rezitieren, wie man meditiert und wie man wichtige religiöse Zeremonien des täglichen Lebens vollzieht. Dazu gehören Haussegen, Feldersegen oder das Segnen neugeborener Kinder. Mönche machen auch Sterbebegleitung und helfen Erkrankten. Sie arbeiten in allen täglichen Angelegenheiten als Berater, segnen Thangkas oder buddhistische Ritualgegenstände, füllen religiöse Statuen mit kleinen Mantrarollen und gesegnetem Reis.

Die Mönche und Nonnen leben in klösterlichen Gemeinschaften, die gemeinsam kochen und essen. Während des Tages werden viele Gebete in den heiligen Klosterräumen gesprochen, die oft viele Stunden andauern können. Währenddessen wird auch gegessen und getrunken. Meist sind es die kleinen Kindermönche, die die Aufgabe

Mönch während einer Puja, einem buddhistischen Meditationsritual

Mani-Stein mit eingemeißelten Mantras

haben, ihren Mitbrüdern regelmäßig Buttertee aus riesigen Teekannen nachzuschenken und Tsampa oder andere Speisen zu verteilen. Jeder Mönch hat seine eigene Teeschale auf seinem kleinen Gebetstischchen stehen mit einem Deckel darauf, damit der Tee nicht zu schnell kalt wird. Je nach klösterlichem Tagesablauf essen die Mönche auch einzeln in ihren Zellen oder kochen für sich selbst.

Nonnen erhalten in Tibet leider bis heute entweder eine schlechte oder überhaupt keine Ausbildung. Sie arbeiten auf den Feldern, kümmern sich um die Tiere und haben unter anderem die Aufgabe, für den Erhalt der Mönchsklöster zu sorgen. Es gibt auch zahlreiche Nonnen, die zu Hause bei ihren Familien leben und dort für deren Haushalt sorgen und nur ab und zu in ihr Kloster gehen, um zu meditieren.

Wenn sich ältere Menschen im Alter von etwa Mitte fünfzig entschließen, in ein Kloster einzutreten, so hat dies nichts mit der Abkehr oder einer Verneinung ihres alten Lebens zu tun. Im gesamten indisch beeinflussten Kulturraum gehört es zum idealen Leben eines Menschen, dass er sich zunächst in und an der Gesellschaft beteiligt, Geld verdient, eine Familie gründet und so den weltlichen Anteil seines Lebens lebt. Wenn es dann in die Nähe des Todes kommt, so sollte sich der Mensch mehr mit der spirituellen Seite des Lebens befassen, denn er hat ja seine Arbeit für die Gesellschaft getan.

Während der Kulturrevolution wurden die Mönche und Nonnen von den chinesischen Besatzern verfolgt, weil sie als politische Gegner des Regimes eingestuft wurden. Viele hunderttausend Mönche und Nonnen wurden gefoltert und mussten ihr Leben lassen. Mönche und Nonnen sind keine Außenseiter der tibetischen Gesellschaft, sondern stehen mitten im Leben der Bevölkerung. Sie sind gern gesehene Gäste, kommunizieren mit den anderen Menschen und haben die Aufgabe, für das geistige Wohl der Menschen zu sorgen.

Der tibetische Buddhismus

Wie alle Schulrichtungen des Buddhismus beruht auch der tibetische Buddhismus unmittelbar auf den Lehren des Buddha Shakyamuni, der vor 2500 Jahren in Indien lebte. Seine Erkenntnis, die den Menschen in die Lage versetzt, das Leiden in all seinen vielfältigen Formen zu überwinden, wurde von seinen Schülern weitergegeben. Im Laufe der Zeit entstanden so verschiedene Überlieferungslinien, die in den Kernaussagen jedoch identisch sind. Der tibetische Buddhismus gehört zum so genannten Vajrayana, der auch als tantrischer Buddhismus bezeichnet wird, einer buddhistischen Schulrichtung, die sich aus dem Mahayana Buddhismus entwickelt hat. Dabei handelt es sich um eine sehr hoch entwickelte esoterische Tradition, in der man mit Hilfe von Mantras (heilige kraftgeladene Silben, die bestimmte Qualitäten im Geist des Praktizierenden erwecken), Mandalas (symbolische Darstellungen des Makro- und Mikrokosmos) und Mudras (heilige Handhaltungen, die psychoaktiv wirken) Erleuchtung zum Wohle aller Wesen anstrebt. Im Mahayana und vor allem im Vajrayana entwickelte sich die Vorstellung vieler weiterer Buddhas und Bodhisattvas, die dem Suchenden auf seinem Weg zur Erleuchtung zur Seite stehen. Bekannteste Beispiele sind der Bodhisattva Avalokiteshvara (tib.: Chenresig), der das Mitgefühl aller Buddhas verkörpert, und der weibliche Bodhisattva Tara (tib.: Dölma), die aufgrund ihres vielfältigen Wirkens auch als Mutter aller Buddhas bezeichnet wird.

Im 7. Jahrhundert christlicher Zeitrechnung begann ein reger Austausch zwischen Tibet und buddhistischen Zentren in Indien. Padmasambhava, oder Guru Rinpoche, wie er von seinen Anhängern liebevoll genannt wird, ist der große indische Lehrmeister, der im 8. Jahrhundert die tantrische Richtung in Tibet etablierte.

Wenn der Buddhismus in neue Länder hineingetragen wurde, so versuchte er nicht, bestehende Kulturen zu unterwerfen, sondern sie mit seinen Grundgedanken zu verbinden, sodass jeweils eine neue, der entsprechenden Kultur angepasste äußere Form entstand, ohne dass die ursprünglichen Inhalte der Lehre verändert wurden. So entwickelte sich in Tibet durch die Begegnung des indischen tantrischen Buddhismus mit der ursprünglichen schamanisch animistischen Bön-Religion Tibets die typisch tibetische Form des Buddhismus, wie wir sie heute kennen. Ebenso wie Buddha Shakyamuni den indischen Hindugöttern seiner Zeit einen Platz innerhalb der buddhistischen Weltanschauung einräumte, nahm Padmasambhava Götter und Dämonen der tibetischen Bön-Religion als bildhafte Gestaltung psychischer Energien in das buddhistische System mit auf. Im Laufe der Zeit haben sich in Tibet vier große Traditionen entwickelt, die alle vier den Buddhismus in unverfälschter Form über Jahrhunderte hinweg überliefert haben.

Eine Besonderheit des tibetischen Buddhismus ist die Institutionalisierung so genannter Tulkulinien. Bei einem Tulku handelt es sich um die Wiedergeburt eines verstorbenen Meisters, der in seinem neuen Leben das im vorangegangenen Leben begonnene Werk fortführt. Die Suche nach der Wiedergeburt Verstorbener ist insbesondere wichtig bei hohen geistlichen Lehrern des tibetischen Buddhismus, wie dem Dalai Lama und dem Karmapa.

Kindermönche

Gyushi

Aus dem Gyushi, den so genannten »Vier Tantras«. Das Gyushi ist das theoretische Grundlagenwerk der tibetischen Medizin, die sehr eng mit der Vorstellungswelt des Buddhismus verbunden ist und auf jahrtausendealtem Wissen beruht. So geht man davon aus, dass alle 84.000 Krankheitsbilder, die im Gyushi genannt werden, auf die drei Geistesgifte Unwissenheit, Hass und Gier zurückzuführen sind. Die Kontrolle und Klärung des Geistes führt zu wahrer Gesundheit und letztendlich zur Erleuchtung.

Das Kapitel achtzehn aus dem Gyushi Tantra befasst sich mit den Grundsätzen einer gesunden und ausgewogenen Ernährung aus der »geheimen mündlichen Unterweisung über die acht Zweige der Wissenschaft von der Medizin«.

Rishi Rigpe Yeshe sprach: »Höre ... Man muss immer maßvoll essen und dabei berücksichtigen, wie leicht oder schwer die Lebensmittel sind. Man kann sich gehörig satt essen, wenn die Speisen leicht sind, aber man darf den Magen nur zur Hälfte füllen, wenn die Speisen schwer sind. Die Lebensmittel entsprechen den Bedürfnissen, wenn die aufgenommene Nahrung leicht verdaulich ist. So werden der Körper und das Leben stärker, und es ist genug Verdauungshitze da.«

Wenn jemand wenig isst, verbessert dies weder die Haut, noch macht es kräftiger, vielmehr begünstigt es die Entstehung zahlreicher rLung-Krankheiten. Wenn jemand dagegen viel isst, kommt es zu Verdauungsbeschwerden, und der Schleim nimmt zu; dies verstopft die feinstofflichen Kanäle des »feuerbegleitenden rLung«, sodass die Verdauungshitze aus dem Gleichgewicht gerät; dies ruft alle möglichen Magenkrankheiten hervor; alle Gifte werden verstärkt, und auch viele chronische Krankheiten. Infolgedessen muss man die Nahrungsmittel [je nach ihrer Qualität] und die Verdauungshitze [je nach ihrer Stärke oder Schwäche] richtig zu verbinden wissen.

Die Hälfte des Magens sollte man mit festen Nahrungsmitteln und ein Viertel mit Getränken füllen und das letzte Viertel für »feuerbegleitendes rLung« reservieren, sowie einen Raum für »trennendes Badkan« und »verdauendes mKhrispa« lassen.

Wenn man nach dem Essen ein Viertel der Gesamtnahrungsmenge trinkt - dabei aber das oben beschriebene Verhältnis der festen Speisen beibehält -, wird dies den Durst löschen und für Wohlbehagen sorgen; die in den festen und flüssigen Bestandteilen enthaltenen Nährstoffe werden gut in den Körper eindringen und die Aufspaltung der Nahrung und die Zersetzung der Speisen unterstützen, die Verdauung günstig beeinflussen, den Körper entwickeln und Kraft und Vitalität steigern. Das Trinken nach den Mahlzeiten schadet jedoch Menschen, die heiser sind, Lungenbeschwerden [Tuberkulose] haben, bei denen es zu Auswurf kommt oder die Schnupfen oder sonstige Beschwerden im Rachen haben. Menschen mit schwacher Verdauungshitze sollen Wein trinken, wenn sie Fleisch gegessen haben. Wenn der Bauch aufgrund der Verdauungsbeschwerden aufgebläht ist, sollten sie direkt nach dem Essen ein Glas abgekochtes, lauwarmes Wasser trinken. Magere Menschen, die zunehmen möchten, müssen ausreichend Wein trinken, während Übergewichtige täglich in warmem Wasser geschmolzenen Honig trinken müssen, um abzunehmen. Es ist eher wohltuend, etwas Kühles zu trinken [zum Beispiel Regenwasser oder geschmolzenen Schnee], wenn man Joghurt, Wein, verdorbene Nahrung oder Honig zu sich genommen hat. Wenn man vor, während oder nach dem Essen Wasser, Tee oder Fruchtsaft trinkt, wird man - jeweils und in dieser Reihenfolge - mittelstark, dick oder mager.

Wenn man maßvoll isst, gelangen die Drei Gifte nicht in die falschen Kanäle. Die Verdauungshitze [und die Körpertemperatur] nehmen zu; der Körper wird leicht und kühl; der Appetit ist sehr gut. Die Sinnesorgane bleiben klar; die Kraft nimmt zu, und die Ausscheidung von Stuhl, Urin und Gasen wird erleichtert.«

Alexandra David-Néel

»... Wie uns gemeldet wird, soll es einer Französin gelungen sein, Lhasa zu betreten, eine für Ausländer verbotene Stadt. Es handelt sich um Madame Alexandra David-Néel, die 1911 Frankreich verlassen hat ...«

Diese Nachricht der Agentur Havas im Januar 1925 war eine Weltsensation.

Am 24. Oktober 1868 wird Louise Eugénie Alexandrine Marie David, genannt Alexandra, in Saint Mandé bei Paris geboren. Ihr Vater, Louis David, ein überzeugter Calvinist, ist Franzose und von Beruf Journalist, die Mutter Alexandrine ist skandinavischer Abstammung, strenge Katholikin und hat ein kleines ererbtes Vermögen Gewinn bringend bei einem Brüsseler Textilgroßhändler investiert. Bei der Geburt ist der Vater schon dreiundfünfzig, die Mutter sechsunddreißig Jahre alt.

Während der Schwangerschaft verschlingt die Mutter Unmengen an Abenteuerromanen. Man könnte fast meinen, dass sich dies auf das spätere Leben Alexandras ausgewirkt habe.

Mit drei Jahren reißt Alexandra zum ersten Mal von zu Hause aus. Später sagt sie von sich selbst, dass sie weglaufen konnte, noch bevor sie gehen konnte. *»Die wahren Freunde sind die Bäume, die Gräser, die Sonnenstrahlen, die Wolken, die in der Dämmerung oder im Morgengrauen am Himmel schweben, das Meer, die Berge.«* Im Alter von fünf Jahren zieht sie mit ihren Eltern nach Brüssel. Hier verbringt sie auch ihre Kindheits- und Jugendjahre. Alexandra ist ein sehr lebhaftes Kind und die Eltern lassen ihre einzige Tochter in einer Klosterschule erziehen. Schon zu dieser Zeit erwacht ihr Interesse für Asien, insbesondere für China, das sie als erstes Land, aufgrund der enormen Größe in einem Atlas, einem Geschenk ihres Vaters, entdeckt. Im Alter von sieben Jahren wechselt sie bewusst die Konfession. Sie wird protestantisch. Vielleicht ein Protest gegen die gefühlskalte Mutter, mit der sie nie eine tiefe emotionale Bindung aufbauen konnte. Während ihrer Kindheit unternimmt sie mehrere Fluchtversuche, um der kleinbürgerlichen Enge und der frostigen Atmosphäre zwischen ihren Eltern zu entgehen. Mit siebzehn flüchtet sie in die Schweiz und überquert zu Fuß den St. Gotthard, im Gepäck Texte des großen griechischen Philosophen Epiktet. Während ihrer gesamten Jugendzeit beschäftigt sich Alexandra mit Religion und der Philosophie Epikurs und der Stoiker. Sie übt Askese und Fasten, wobei sie sich vom Leben der großen frühchristlichen Asketen inspirieren lässt. Sie lernt auch ganz manierlich Klavier zu spielen.

Alexandra David-Néel

Nach ihrer Schulausbildung schwebt Alexandra ein Medizin-studium vor, ihre Mutter ist davon jedoch nicht zu überzeugen, da Medizin in der damaligen Zeit ein reiner Männerberuf ist.

Alexandra lernt einen gelehrten Geologen und Anarchisten kennen und schreibt ihr erstes Buch, das erst zehn Jahre später 1898 veröffentlicht wird. 1888 erfährt sie von einer spirituellen Gnostiker-Gemeinschaft in England, der sie sich anschließt. Bei diesen so genannten Theosophen kommt sie zum ersten Mal in direkten Kontakt mit den alten indischen Sprachen Pali und Sanskrit sowie mit fernöstli-chen Formen der Meditation. In London kann sie außerdem ihre Eng-lischkenntnisse erweitern und geht anschließend nach Paris, um an der Sorbonne Völkerkunde zu studieren. Vornehmlich orientalische Religionsphilosophie, insbesondere Buddhismus und der Vedaglaube sowie indische und chinesische Sprachen erregen ihr Interesse. Dort erfährt sie zum ersten Mal Näheres über Tibet. Neben ihren Studien nimmt sie auch noch Gesangsunterricht. Aufgrund dieser extremen Anstrengungen hat sie 1889 eine seelische Krise.

Im Museum Guimet entschließt sie sich, nicht mehr nur Bücher-studien zu betreiben, sondern vor Ort ihr Wissen zu erweitern.

Mit einer Erbschaft finanziert sie ihre erste Reise nach Indien, Ceylon, Indochina und Südchina. Auf dieser Reise lernt sie gelebte buddhistische und hinduistische Rituale und deren Philosophie ken-nen. Für 18 Monate reicht ihr Geld, dann muss sie nach Europa zurückkehren. Danach verdient sie ihren Unterhalt als Sopranistin, nachdem sie ihre musikalischen Studien an Konservatorien in Brüssel und Paris abgeschlossen hat. In den französischen Kolonien in Südost-asien wird sie für fünf Jahre ein gefeierter Star. Während eines Engage-ments in Tunesien begegnet sie ihrem späteren Ehemann Philippe Néel, einem Ingenieur und Lebemann. Die beiden heiraten am 4. Au-gust 1904. *»Wir haben eher aus Bosheit denn aus Zärtlichkeit geheira-tet«*, äußert sie sich später zu ihrer Eheschließung. Während ihrer Ehe haben sich die beiden Eheleute nur wenige Monate gesehen. Es ist aber ein beachtlicher Briefwechsel erhalten geblieben - über 3.000 Briefe. Alexandra kehrt nach Brüssel zurück und erhält einen Lehrstuhl für orientalische Philosophie an dem »Institut des Hautes Études«, der damaligen »Neuen Universität«. Sie hält viel beachtete Vorträge, schreibt Fachartikel, wird Rosenkreuzerin und Freimaurerin und nimmt unter anderem an Expeditionen teil.

Nach dem Erscheinen eines Buches über Sinn und Lehre des Buddhismus erhält sie 1911 einen Forschungsauftrag des französi-schen Erziehungsministeriums und bricht mit 43 Jahren zu der Reise auf, die ihr Leben verändert. Im Gepäck eine Predigtsammlung Buddhas und ihre geliebte Zinkbadewanne.

Alexandra bereist damals noch fast gänzlich unbekannte Gebiete Zentralasiens, Nepal, Sikkim, die Wüste Gobi, China und Indien. Ihr Ehemann Philippe finanziert die Reise und findet sich damit ab, dass seine Ehefrau statt der geplanten 18 Monate für insgesamt 14 lange Jahre fortbleibt.

1912 trifft sie in Indien den 13. Dalai Lama, der dort eine kurze Zeit im Exil weilt. Dieser ruft ihr zum Abschied zu »Lernen Sie Tibetisch«. In Nord-Sikkim, an der Grenze zu Tibet auf 4.000 Meter Höhe, studiert sie bei einem berühmten buddhistischen Einsiedler die tibetische Sprache und alte religiöse Texte. Dort bekommt sie den buddhistischen Namen »Leuchte der Weisheit«. In der buddhistischen Klosteruniversität von Shigatse erhält sie sogar als erster Westler einen buddhistisch-akademischen Grad. Dem Denken und Fühlen der Bewohner Tibets ist sie so nahe gekommen, dass sie sich inzwischen auch zum Buddhismus bekennt. Wegen dem Verstoß gegen das Einreiseverbot nach Tibet wird Alexandra aber von der britischen Kolonialregierung aus Sikkim ausgewiesen.

Alexandra wird jedoch von einer fixen Idee beherrscht: »Allen Hindernissen zum Trotz«, so schreibt sie, will sie die verbotene Stadt Lhasa zu Fuß erreichen, »um zu zeigen, was der Wille einer Frau vermag.« Zusammen mit dem dreißig Jahre jüngeren Lama Aphur Yongden aus Sikkim, den sie später mit nach Frankreich nimmt und adoptiert, erreicht sie unter großen Umwegen 1918 das Kloster Kum-Bum. Von dort macht sich Alexandra 1921, das Gesicht mit Ruß verdreckt, die Haare mit Tusche schwarz gefärbt, auf den Weg in die verbotene Stadt Lhasa. Alexandra und Yongden geben sich als Bettelpilger aus. Die Reise ist überaus gefährlich; Durst, Hunger, Schlafmangel und Überfälle von Straßenräubern zehren an den Kräften. Immer wieder stoppen Grenzposten die Wanderer. »Ich akzeptiere prinzipiell keine Niederlage, um was es sich auch handle«, kommentiert sie knapp. Am 28. Februar 1924 erreicht Alexandra David-Néel, abgemagert bis zum Skelett, ihr Ziel. Als erste weiße Frau erreicht sie Lhasa, die Hauptstadt Tibets.

Nach ihrer Rückkehr wird sie gefeiert als »die Frau auf dem Dach der Welt«. Die französische Regierung ernennt sie zum Ritter der Ehrenlegion und die Geografische Gesellschaft in Paris verleiht ihr die Goldene Medaille, ebenso die Königlich-Belgische Gesellschaft für Geografie. Ein Zusammenleben mit ihrem Ehemann Philippe ist nicht mehr möglich. Alexandra kauft in Südfrankreich eine Villa, die sie

Buddha Statue in Shey, Ladakh

»Samten Dzong« nennt, »Festung der Meditation«. In dieser Abgeschiedenheit, in der Nähe der Stadt Digne, widmet sie sich der Bearbeitung ihrer Reisebeschreibungen und ihres gesammelten Materials, bis sie ihre Lehrtätigkeit an der Sorbonne wieder aufnimmt. 1936 reist sie erneut, diesmal für zehn Jahre nach Asien. Sie bereist Indien, den Himalaya, China, Japan, Korea und Tibet.

In China erfährt sie 1941 vom Tod ihres Mannes. Da, mit dreiundsiebzig Jahren, weint sie zum ersten Mal seit ihrer Kindheit. Auch ihren sikkimesischen Adoptivsohn Yongden überlebt sie. Er stirbt 1955 im Alter von fünfzig Jahren. Alexandra schreibt ein Buch nach dem anderen. In etwa dreißig Büchern dokumentiert sie ihre ausgedehnten Reisen, ihren jahrelangen Aufenthalt in den Hochtälern Asiens und ihre Einblicke in Leben und Religion auf dem Dach der Welt. Die Forscherin, die bis zu ihrem Tod im Vollbesitz ihrer geistigen Kräfte bleibt, lässt mit hundert Jahren ihren Reisepass verlängern und redigiert noch in den letzten Monaten ihres Lebens das Buch »L'Individualisme Intégral«.

Am 8. September 1969 stirbt Alexandra David-Néel in ihrer Villa »Samten Dzong« bei Digne in Frankreich.

Der Ursprung des tibetischen Volkes

Die Tibeter haben den Ursprung ihres Volkes in eine schöne Legende gekleidet, von der es verschiedene Versionen gibt.

Im »Spiegel der königlichen Genealogie Tibets« aus dem Jahr 1388 n. Chr. von Sönam Gyältsen wird die Legende folgendermaßen erzählt:

»Tibet war ursprünglich der Platz, wo die Felsenriesin tobte. Damals gab es dort noch keine menschlichen Wesen. Avalokiteshvara entsandte eine in einen Affen verwandelte Gottheit in die Welt hinunter, um das Leid der dort lebenden Geschöpfe zu erleichtern. Der Affe vereinigte sich mit der Riesin und ihnen wurden sechs kleine Affen geboren. Diese vermehrten sich und wurden zu fünfzig Affen. Sie aßen von den Früchten der Bäume und wildes Korn, und im Laufe der Zeit wurden ihre Schwänze kurz, sie lernten sprechen und verwandelten sich in Menschen: die Vorfahren der Tibeter. Zu jener Zeit waren die Berge mit Wäldern bedeckt; in allen Tälern und aus den Felsspalten des Meruberges strömte Wasser, und es gab Weizen, Bohnen, Buchweizen und Gerste in Hülle und Fülle. So bestellten sie denn das Land und bauten Städte, und ein König von Tibet trat in Erscheinung und schuf damit den Unterschied zwischen einem Herrscher und seinen Untertanen ...«

In der Version des großen tibetischen Historikers Pemakarpo ist es der Bodhisattva Avalokiteshvara selbst, der sich in Form eines Affen mit der Bergriesin, einer Ausstrahlung der Göttin Tara, vereinigte. Damit die aus dieser Verbindung entstandenen Affenkinder, die in Kongpo, im Osten Tibets ihr erstes Dorf gründeten, keinen Hunger leiden mussten, führte Avalokiteshvara die fünferlei Sorten von Getreide und Hülsenfrüchten ein. Die Tibeter, als Nachfahren der Affenkinder, hielten daher seit Menschengedenken die so genannten »fünf Getreide« besonders in Ehren.

Salz – kostbares Handelsgut des alten Tibet

Nördlich der Himalayagebirgskette, in den endlosen Weiten Tibets, liegt die so genannte »Nördliche Ebene«, auf tibetisch Changthang. Dort gibt es tiefblaue, meist abflusslose Seen, die in die öde Steppenlandschaft eingebettet sind. Diese Seen zählen zu den größten Salzvorkommen der Welt.

Für die Tibeter waren diese Seen wahre Schatzkammern, denn sie lieferten »weißes Gold«, das überaus kostbare und begehrte Handelsgut Salz. Auch heute noch ziehen im Frühsommer Salzkarawanen über riesige Entfernungen, manchmal mehrere hundert Kilometer, in die nördlichen Ebenen. Es sind nomadisierende Hirten, so genannte Drokpas, die sich zusammenschließen, um auf den uralten Karawanenwegen zu den Salzseen zu ziehen. Früher wanderten ganze Familien verschiedener Stämme, um sich so gegen Überfälle räuberischer Banden und die Unbilden der Natur zu schützen. Heute sind es meist nur noch vier oder fünf Männer, die mit Packtieren, Yaks und Schafen in Richtung Norden wandern. Jeder der Männer ist für ca. 30-35 Yaks zuständig.

Salzgewinnung war in Tibet immer mehr als ein gewöhnlicher Prozess. Der ganze Vorgang ist streng reglementiert und mit religiösen Ritualen verbunden. Nur nach verschiedenen Gebeten und Opferhandlungen kann mit der Salzgewinnung begonnen werden. Jedoch dürfen nur Männer daran aktiv beteiligt sein, die Anwesenheit von Frauen würde die Göttin des Salzes erzürnen und das ganze Vorhaben scheitern lassen. Frauen blieben daher immer im Zeltlager zurück, wo sie den Haushalt führten und die Schafe versorgten.

Eine heutige Karawane transportiert ca. 14-15 Tonnen Salz. Täglich kommt sie nur ca. 15-20 Kilometer vorwärts, da die Tiere auch genügend Zeit zum Ausruhen und Weiden benötigen. Seit alter Zeit ziehen die Karawanen in langen Märschen von den Salzseen der nördlichen Ebene zu den Salzumschlagplätzen in Südtibet, an der Grenze

Tibetisches Salzsäckchen

zu Nepal, den Ortschaften Purang und Tradün und den großen Zeltlagern in den südlichen Nebentälern des Flusses Tsangpo. Dort treffen sie auf die Bhotia-Volksgruppen aus Nordnepal, die dem tibetischen Buddhismus angehören und tibetische Dialekte sprechen. Die Bhotia tauschten Reis und Gerste aus Nepal mit dem Salz der tibetischen Drokpa. Das tibetische Salz gelangte bis nach Indien, wo es sehr begehrt war.

Im 20. Jahrhundert gab es mehrere Faktoren, die das blühende Geschäft mit dem Salz fast zum Erliegen brachten. In den 30-er Jahren überschwemmte billigeres Salz aus Indien den tibetischen Markt, was zu einem massiven Preisverfall auf den tibetischen Märkten und den Salzumschlagplätzen führte. Die mühsame und oft auch nicht ungefährliche Wanderung zu den Salzseen Tibets lohnte sich kaum noch. Durch den Einmarsch der Chinesen und die Besetzung Tibets kam es in den 60-er Jahren zu einer Schließung der tibetischen Grenzen. Für zwanzig Jahre kam der jahrtausendealte Handels- und Kulturkontakt zwischen Nordnepal und Tibet vollständig zum Erliegen.

Heute haben sich die Karawanen den neuen Umständen angepasst und transportieren in geringerem Maße Salz, dafür aber andere Waren aus China und Tibet nach Nepal und von Indien und Nepal nach Tibet.

Die Küche der Tibeter

Grundsätzlich muss man zwischen Nomaden und sesshaften Tibetern unterscheiden. Die Nomaden, die von Ort zu Ort ziehen, um Handel betreiben zu können, leben in Zelten, die aus Yakhaar gemacht wurden. Sie werden immer wieder auf- und abgebaut - gekocht wird in der Mitte über einer Feuerstelle mit einem Dreifuß.

In den Häusern der Städte ist die Küche ein eigener, meist großer Raum. Er ist einfach gehalten mit einer Feuerstelle oder bei wohlhabenderen Menschen mit einem holz- oder dungbetriebenen Herd. In der tibetischen Küche wird gekocht und gegessen. Essen, das man täglich benötigt, wird in Taschen aufbewahrt, die rundherum hängen. Andere Utensilien sind in einem separaten Vorratsraum untergebracht, insbesondere alle Arten von Körnern. Die Räume werden dunkel gehalten, nur mit kleinen Fenstern für die Luftzirkulation. Arme Menschen, die solche Räume nicht haben, verstauen ihre Nahrungsmittel in selbst gegrabenen »Kellern« in der Erde.

In Regionen, in denen genügend Holz vorhanden ist, wird das Feuer im Herd mit Holz gemacht. In anderen Gegenden benutzt man den gesammelten und getrockneten Dung der Tiere. Manche Herde sind aus Lehm und Stein gemacht und sehr einfach, andere haben schöne Verzierungen aus Metall. Seitlich am Ofen befindet sich eine Öffnung, durch die das Brennmaterial eingeführt wird. An den anderen Seiten des Herdes sind verschieden große Löcher angebracht, in die die Kessel, Kochtöpfe oder Krüge hineingestellt werden. Gebacken wird entweder oben auf der Herdplatte oder in einem der dafür vorgesehenen Backlöcher im Herd.

Der Herd spielt eine besondere Rolle, da er als Sitz der Herdgottheit gilt. Während des Kochens achten die Tibeter darauf, dass nichts überläuft oder ins Feuer fällt, da man so den Herdgott erzürnen wür-

de. Die Küche ist das Refugium der Frau. Hier ist sie Herrin und regiert ihr eigenes Reich. Männer, die kochen, sind in Tibet äußerst selten zu finden.

Viele Küchen sind sehr dunkel und haben nur wenige Fenster, wenn überhaupt. Der Grund dafür sind die tiefen Temperaturen im Winter. Daher kann der Rauch, der in der Küche entsteht, nicht gut abziehen. Bei Häusern mit Strohdächern geht der Rauch einfach durch das Dach durch. Gibt es Dächer aus Lehm, so machen die Tibeter an zwei Stellen unter dem Dach ein Loch in die Hauswand, damit der Rauch abziehen kann.

Die Nomaden bewahren ihr Getreide in besonders gewobenen Säcken der verschiedensten Größen auf. Butter wird in Schafshaut oder Yakkälberhaut aufbewahrt, die man zunächst mit Wasser tränkt und dann zusammennäht. Beginnt die Haut zu trocknen, so zieht sie sich zusammen, wobei sie sich verdichtet und an den Nahtstellen wie versiegelt wird. Auf diese Weise werden sie wasserfest und luftundurchlässig. Meist wird Butter in ihnen aufbewahrt, die so für Jahre haltbar gemacht werden kann.

In den Städten bewahrt man die Butter in großen Wassertanks auf. Die Butter liegt im Wasser, also unter der Wasseroberfläche und das Wasser sorgt durch seine Verdunstung für entsprechende Kühlung. Die ist vor allem in den warmen Sommermonaten wichtig.

Tibetische Küche

Das Essgeschirr und die Kochutensilien der Tibeter sind in den unterschiedlichen Teilen Tibets verschieden. Im Süden Tibets benutzt man vorwiegend Metalltöpfe, die durch Händler aus Nepal oder Indien gebracht werden. Es gibt jedoch auch einheimische Schmiede, die Töpfe und Pfannen herstellen, aber auch andere Gefäße, um Nahrung zu lagern. Töpfe, Pfannen und Behälter sind meist aus Eisen, Holz, Messing, Kupfer oder Ton. Schüsseln, Teeschalen, Schöpflöffel oder Pfannenschieber sind in der Regel aus den verschiedensten Arten von Holz hergestellt. Je stärker dabei die Maserung des Holzes ist, desto wertvoller ist der Gegenstand.

Die Küche ist so etwas wie ein Statussymbol der Tibeter. Ihr sozialer Stand und ihr Reichtum zeigt sich in der Küche, in der alle Töpfe und Pfannen auf Regalen »ausgestellt« werden. Die Küche ist der Ort der Geselligkeit, in dem Gäste empfangen und bewirtet werden. Gegessen wird nicht an einem gemeinsamen Tisch, sondern jeder sitzt auf Sitzkissen mit einem eigenen kleinen Tischchen vor sich auf dem Boden. Bei Gästen, die einen höheren Rang haben, werden mehrere Kissen übereinander gestapelt, sodass die Hierarchie der Gäste an der Höhe des Kissenstapels zu ermessen ist. Bei Gästen niedrigeren Ranges kann es daher vorkommen, dass sie ganz auf dem Boden sitzen müssen.

Das Feuer im Herd geht bei den Tibetern nie aus. Immer steht ein Kessel mit heißem Wasser bereit. Man ist allzeit bereit, für irgendjemanden zu kochen, zu backen oder ein Getränk herzustellen.

Die Tibeter essen teilweise wie die Chinesen mit Stäbchen (tib. khotze). Allerdings haben sich auch Löffel und Messer durchgesetzt, Gabeln sind eher selten. Gegessen wird drei Mal am Tag, Frühstück, Mittagessen und Abendessen. Tee wird den ganzen Tag über getrunken. Zum Frühstück gibt es jede Menge Buttertee und dazu Tsampa-suppe oder Reissuppe. Bei reichen Tibetern folgen darauf noch Reis-speisen mit Gemüse oder Fleisch oder die so genannten Sha-Leb-Leb-Scheiben, kleine Fleischscheiben, die ein paar Sekunden in heiße Butter getaucht und nicht ganz durchgebraten werden. Je wohlha-bender die Tibeter sind, desto üppiger fällt das Frühstück aus. Neben dem Esstischchen steht meist noch eine Schale mit Tsampa und But-ter, manchmal auch getrockneter Käse oder Trockenfleisch. Aus But-ter und Tsampa werden Tsampaklößchen geknetet und eventuell mit den anderen Zutaten bereichert. Das Frühstück nimmt die Familie in der Regel nicht gemeinsam ein. Hat die Familie kleine Kinder, so essen sie zusammen mit der Mutter und die Männer essen für sich.

Beim Mittagessen isst die Familie zusammen. Momos sind mit-tags obligatorisch. Sie werden zusammen mit anderen Gemüse- oder Fleischgerichten gegessen. Dazu gibt es Reis oder Tsampa. Beendet wird das Mittagessen mit einer Süßspeise.

Das Abendessen ist eher karg. Um den Körper für die Nacht nicht zu sehr zu belasten, isst man abends nur Suppen, die mehr oder weniger gehaltvoll sind. Vor allem im Winter sind die Suppen reich an Zutaten, um dem Körper genügend Wärme für die Nacht zu spenden.

Die Tischsitten der Tibeter ähneln unseren. Ausspucken von Nahrung gilt als verpönt, Kauen mit offenem Mund ebenfalls. Aller-dings gehören auch laute Unterhaltung, ausgestreckte Beine oder mit dem Essen zu beginnen, ohne gebetet zu haben, zu den Unsitten bei Tisch. Gäste haben mit dem Essen zu warten, bis der Hausherr oder ein hochstehender Besucher gebetet hat und mit dem Essen beginnt. In manchen Regionen ist es Sitte, bevor man aufsteht, den Teller oder die Schale, aus der man gegessen hat, auszulecken und auszuwischen. Als Zeichen dafür, dass es geschmeckt hat, versucht man laut zu rülpsen. Diese Sitte gilt aber nicht in allen tibetischen Regionen als fein.

Wenn in Tibet eine Person isst und eine zweite kommt dazu, dann wartet der Essende mit dem Weiteressen, bis auch der andere et-was zu sich nimmt. Dabei wird dem Gast mehr gereicht als dem Haus-herrn. Allerdings ist es auch Sitte, wenn einem als Gast Essen offeriert wird, zunächst abzulehnen. Der Gastgeber wird dann weiter insistie-ren, bis der Gast »einer Kleinigkeit« zustimmt, auch wenn der Gast überaus hungrig ist.

Essen in Tibet

Holzbehälter mit besonders schöner Maserung

Tibetische Kannen aus Kupfer

Die Rezepte

Getränke

Die tibetische Teeschale

Jeder Tibeter, ob arm oder reich, besitzt seine eigene Teeschale. Bei einfachen Menschen besteht sie aus Holz, es gibt sie aber auch aus Steingut, Porzellan, Kupfer, Zinn, Silber oder sogar Gold. Manche sind einfach geformt, andere sehr kunstvoll verziert. Sie sind unter anderem mit den acht Glückszeichen verziert (Schirm, Fische, Schatzvase, Lotusblume, Muschel, Siegesbanner, Glücksknoten und Dharmarad). Bei besonders wertvollen Stücken finden sich auch Edelsteine wie Korallen, Türkise oder Perlen. Die Machart symbolisiert einerseits die soziale Stellung der Tibeter, ist aber andererseits auch ein Sinnbild dafür, wie wichtig die Rolle des Tees im täglichen Leben der Tibeter ist.

Die Tibeter reichen auch ihren Gästen Buttertee zur Begrüßung. Dabei spielt die Wahl der Tasse eine wichtige Rolle in der sozialen Hierarchie. Besonders hoch stehende Gäste erhalten ihren Tee in einer Schale mit Ständer und Deckel. Gäste mit bescheideneren Positionen erhalten ihren Tee in einer Schale mit Ständer, jedoch ohne Deckel. Menschen aus niedrigen Positionen erhalten lediglich eine Schale ohne Ständer und Deckel.

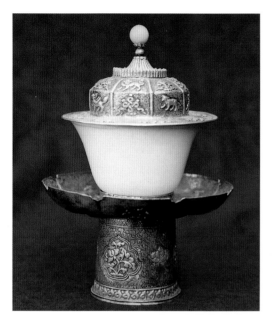

Tibetische Teeschale mit Deckel und Ständer

Das Lied vom Tee

Das Teelied aus dem Zyklus der zentralasiatischen Gesar-Sage. Ein auch heute noch beliebtes Lied, das beim Stampfen des Tees gesungen wird.

Lu ale thala thale re
Ehre sei Bodhgaya, dem Geburtsort des heiligsten Vogels ⌐Buddha⌐;
Wenn der Adler hungrig ist, werden kleine Vögel seine Beute;
Wenn Du Geschäfte machst, tu dies ⌐anständig⌐ auf Lotosgrund
Wenn Du Gepäck hast, lass es von ⌐sicheren⌐ Soldaten packen;
Wenn Du den Weg bewältigt hast, dann ist es auch der Pass.
Teeblätter sollen reichlich verwendet werden, wie es Gesars Gattin tat;
Salz soll nur sparsam zugefügt werden, wie von einem geizigen Manne;
Tee muss kräftig geschlagen werden, wie von einem wütenden Manne;
Tee muss zierlich getrunken werden, wie von König Gesar persönlich.

Die Zubereitung des Tees

Die Tibetaner bereiten ihren Tee folgendermaßen zu: Man bricht ein Stück vom hartgepressten Teeblock ab, gibt es in kochendes Wasser und lässt es längere Zeit kochen. Oft wird der Tee aber auch bereits am Vorabend einmal aufgekocht oder die Nacht über in warmes Wasser gelegt. Der Sud, den man erhält, heißt Tchathang und ist etwa so dunkel wie schwarzer Kaffee. Bevor man ihn genießt, wird er noch mit heißem Wasser verdünnt. Dann fügt man noch etwas Soda hinzu; dadurch hellt er sich auf, bis er die Farbe verwelkter Rosen bekommt. Die reichen Leute pflegen ihren Tee außerdem noch einzubuttern, und zwar auf folgende Weise: Man schüttet kochendes Wasser in ein Butterfass, dann kommen einige Kellen Tchathang mit Butter und Salz dazu. (Wenn man anstelle des Tchathangs leichteren Tee verwendet, fügt man kein Wasser mehr dazu.) Das Ganze wird durcheinander gemischt, bis sich Butter und Flüssigkeit vollständig durchdringen. Wenn das Einbuttern beendet ist, wird der Tee durch ein Sieb, das alle noch zurückgebliebenen Blattbestandteile aussondert, in die Teekanne gegossen. Der Sud wird den ganzen Tag über in einer Herdnische bereitgehalten. Sollten plötzlich Gäste erscheinen, muss er nur noch eingebuttert und aufgewärmt werden und kann so bereits nach wenigen Minuten serviert werden. Während der übrigen Zeit wird der Tee in einer Kanne auf einem Kohlenofen über der Glut warm gehalten, aber er wird niemals zum Sieden gebracht, denn dadurch würde sein Geschmack verloren gehen. Bei den Mahlzeiten und im Verlauf des Tages wird er lauwarm getrunken. Leute mit bescheidenen Mitteln oder solche, die den kulinarischen Vorbereitungen nicht viel Zeit widmen können, kochen ihren Tee weniger lang und gebrauchen weniger Blätter. Sie trinken den Sud, der leichter und von hellerer Farbe ist, unverdünnt und ohne Zutaten.

Alexandra David-Néel

Gepresster Tee

Übrigens: Das Wort Darjeeling stammt von der tibetischen Bezeichnung *dorje ling* ab, was so viel wie Diamanteninsel bedeutet. So heißt das dortige Kloster und die Engländer machten daraus Darjeeling. Aufgrund seiner wunderschönen Lage, der angenehmen Höhenluft und dem einzigartigen Blick auf die nur 75 Kilometer entfernte Himalayakette, machten die Engländer im 19. Jahrhundert aus Darjeeling ihren sommerlichen Verwaltungssitz.

7-8 TL Darjeeling Tee
2 l Wasser
50 g Butter
150 ml Sahne oder Milch (nach Belieben)
Salz nach Belieben

Bö Ja | བོད་ཇ་

Buttertee

Tee hat in Tibet immer eine große Rolle gespielt. Zum Teil wurde er in Form von Teeziegeln gehandelt, die auch als Währung benutzt wurden. In Tibet benutzt man keine fein gebrochenen Teesorten, sondern traditionell eher grob verarbeitete Teeblätter. In Tibet gibt es viele verschiedene Variationen, um Tee zuzubereiten. So gibt es Tee, der mit Milch und Zucker gekocht wird, Tee nur mit Salz oder schwarzen Tee. Am bekanntesten und für Westler am irritierendsten ist aber der Buttertee.

Buttertee gehört zu jedem tibetischen Frühstück. Zwischen drei und fünf Tassen sind normal. Wenn der Tee serviert wird, lässt man ihn erst noch einige Zeit stehen. In dieser Zeit sprechen die Tibeter ein Gebet zu den Buddhas, bevor sie trinken. Dann wird die oben schwimmende, bereits fest gewordene Butter zur Seite geblasen und getrunken. Auf diese Weise wird die Butter in der Tasse gesammelt und später, wenn der Tee ausgetrunken ist, wird die übrig gebliebene Butter einfach mit Tsampa vermischt.

Die tibetischen Teeschalen sind meist aus Holz. Während des Tages nimmt man immer wieder etwas von der Butter aus der Tasse und reibt sie damit außen ein. So wird die Tasse davor geschützt, dass sie bricht, wenn man heißen Tee eingießt. Außerdem bekommt sie dadurch eine schöne Politur.

Tee in heißem Wasser für 10 Minuten einweichen, dann 3-4 Minuten aufkochen. Den Tee absieben und in einen Mixer geben, Butter, Salz und Sahne hinzufügen und 2-3 Minuten mixen.

Info: Der berühmte Buttertee wird auch als Ja Süma bezeichnet, was so viel wie »Stampftee« bedeutet. In Tibet bereitet man ihn nämlich in hohen hölzernen röhrenartigen Butterteefässern zu, wo der Tee mit Hilfe eines Stößels mit der Yakbutter und dem Salz gemischt wird.

Chai

Gewürztee

Der Chai kommt eigentlich aus Indien, ist aber durch indische Händler und Tibeter im indischen Exil auch in Tibet sehr beliebt geworden.

Kardamomsamen und Ingwer in Wasser aufkochen. Dann das Wasser etwas abkühlen lassen und die Teebeutel dazugeben. 4-5 Minuten ziehen lassen. Dann die Teebeutel herausnehmen und Milch und Zucker dazu geben. Erneut erhitzen und servieren.

Verschiedene tibetische Teeschalen

1 l kaltes Wasser
Samen von 5 Kardamomschoten
1 cm Ingwer, gehackt
2 Teebeutel schwarzer Tee
200 ml Milch
1 EL Zucker

Dara |

Tibetisches Lassi

Variante 1
Alle Zutaten in einen Mixer geben und pürieren.

Variante 2
Alle Zutaten in einen Mixer geben und mixen.

1 kg Joghurt
8 Eiswürfel
120 g brauner Zucker oder Honig

1 l Buttermilch
4 Eiswürfel
120 g brauner Zucker oder Honig

꽃 꽃 꽃 꽃 꽃 꽃 꽃 꽃 꽃 꽃 꽃 꽃

Tipp: Um dem Lassi noch weitere Geschmacksvarianten zu geben, kann man einfach frische Früchte dazugeben und mitmixen.

꽃 꽃 꽃 꽃 꽃 꽃 꽃 꽃 꽃 꽃 꽃 꽃

Alkohol in Tibet

Gerste, das in Tibet am häufigsten angebaute Getreide, wird in Tibet oft zur Herstellung von Chang, dem tibetischen Gerstenbier verwendet. Chang könnte man als das Nationalgetränk der Tibeter bezeichnen. Sie sagen, dass der Chang ein gutes Mittel gegen die Höhenkrankheit ist und er wird daher gerne mit auf Reisen genommen. Wenn es hohe Pässe zu überqueren gilt, wird bereits morgens eine deftige Thugpa-Suppe zubereitet, in die ein kräftiger Schuss Chang kommt. Tsampa-Kugeln, die ebenfalls mit Chang getränkt wurden, werden ebenfalls gerne im Reisegepäck mitgenommen.

Neben dem leichten Bier werden aus der Gerste auch Getränke mit höherem Alkoholgehalt wie feinster, destillierter klarer Schnaps oder Arrak hergestellt. Aber nicht nur aus Gerste wird in Tibet Bier gebraut, sondern auch aus Reis und Hirse.

Andere alkoholische Getränkearten sind Kornbier oder Reiswein, Sirupbier, das aus Zuckerrohr hergestellt wird, Honigwein, Blumenwein aus Holunder oder Waldmeister, oder Baumrindenwein, den man durch Anzapfen der Baumrinden gewinnt. Eine besonders kuriose Getränkeart ist der Knochenschnaps, dem fein gemahlenes Tierknochenmehl beigemischt wird. Außerdem stellen die Tibeter auch medizinische Weine her aus den verschiedensten Kräutern.

Vom buddhistischen Standpunkt aus gesehen ist Alkohol mit Vorsicht zu genießen. Der Buddha hat seinen Schülern nämlich ausdrücklich jeglichen Konsum von Rauschmitteln untersagt, da diese den Geist benebeln und wahre Erkenntnis unmöglich machen.

Alexandra David-Néel gibt in ihrem Buch »Mein Weg durch Himmel und Höllen« eine Geschichte wieder, die auch heute noch von vielen buddhistischen Lehrern dazu benutzt wird, die schlimmen Folgen des Alkoholgenusses zu verdeutlichen:

»Einem buddhistischen Mönch wurde von einem bösen Geist die Wahl zwischen drei Sünden gelassen: ein Schaf zu töten, sein Keuschheitsgelübde zu brechen oder Alkohol zu trinken. Nach langem Grübeln schreckte der arme Mönch vor den beiden ersten Sünden zurück und wählte die letzte als die scheinbar am wenigsten folgenschwere. Aber als er betrunken war und in der Aufregung alle Selbstbeherrschung verloren hatte, ging er zum Weibe und tötete dann noch obendrein ein Schaf, um seiner Geliebten ein Fest zu geben.«

In buddhistischem Kontext sind geringe Mengen Alkohol nur als Opfer an die zornvollen Gottheiten und in tantrischen Tsog-Pujas erlaubt, wo er nach einem speziellen Ritual als heiliger Nektar betrachtet wird.

Chang | ཆང་

Tibetisches Bier

Den Reis kochen und auf einer Matte auslegen. Etwas abkühlen lassen. Die Hefewürfel mit dem Reis in einem Tuch mischen und in einen Topf geben, den man dann warm stellt. Nach mindestens 3 Tagen (besser 1 Woche) das Tuch wieder öffnen. Dann warmes Wasser mit dem so fermentierten Reis oder der Gerste (tibet. lum) vermischen und weitere 2-3 Stunden stehen lassen. Das Ganze in ein Tuch geben und die Flüssigkeit heraustropfen lassen. Die Reste nochmals fest auswringen. Die Reste weggeben und die Flüssigkeit (den Chang) abfüllen.

4 kg Reis oder Gerste
2 EL Zucker nach Belieben
6 Hefewürfel
2 l warmes Wasser

Tipp: Die fermentierten Getreidereste kann man insgesamt drei Mal benutzen, um Chang herzustellen. Mit jeder weiteren Aufbereitung wird der Chang schwächer.

Sikkim

Sikkim ist heute ein Bundesstaat im Nordosten Indiens. Nördlich grenzt es an Tibet, im Südosten an Bhutan und im Westen an Nepal. Früher war Sikkim eine Monarchie, über die ein Chögyal herrschte, den man mit einem Maharadscha vergleichen kann. 1975 wurde die Monarchie abgeschafft. Heutzutage besteht die Bevölkerung hauptsächlich aus Nepalesen, die überwiegend dem Hinduismus angehören und aus Bhotia, einem Volk tibetischen Ursprungs, die Anhänger des tibetischen Buddhismus sind. In Sikkim befindet sich auch der Exilsitz des 16. Karmapa, dem Oberhaupt einer der vier großen Traditionen des tibetischen Buddhismus. In seinem Kloster Rumtek lebte er bis 1981. Seine Reinkarnation, der 17. Karmapa, floh jüngst aus Tibet zum Dalai Lama nach Dharamsala. Rumtek war und ist bis heute für viele Westler ein begehrtes Reiseziel, um die buddhistischen Lehren zu studieren.

Dongpa | རྡོང་པ

Fermentierte Hirse aus Sikkim

5 kg Hirse
4-5 Hefewürfel
Wasser, um die Hirse einzuweichen

Die Hirse kochen und dann auf einer Matte zum Abkühlen ausbreiten. Wenn sie abgekühlt ist, die Hefe zerbröseln und gut untermischen. Anschließend das Ganze in eine große Schüssel geben. An einen warmen Ort stellen und 3 Tage fermentieren lassen. Dann herausnehmen und in ein Plastikgefäß abfüllen. Jetzt sollte das Ganze 20-25 Tage ziehen. Danach wird mit heißem Wasser aufgefüllt, sodass die Hirse mit dem Wasser durchsetzt ist und Wasser- und Hirseoberfläche eins sind. Um die fermentierte Hirse zu trinken, taucht man einen Strohhalm ein. Wenn der Wasserpegel sinkt, gießt man neues heißes Wasser nach, bis das Getränk anfängt, fad zu schmecken.

Altar mit Opfergaben

Suppen

Die Suppen, die immer sehr kräftig und dickflüssig sind, werden auf der Basis von Fleischbrühe gekocht, außer natürlich bei sehr religiösen Menschen, die vollkommen vegetarisch leben.

Alexandra David-Néel

Rüthang | རུས་ཐང་

Kraftbrühe

1 kg Rinderknochen
2 1/2 l Wasser
3 Eier, gequirlt
3 kleine Frühlingszwiebeln
5-6 Knoblauchzehen, gehackt [nach Belieben]
Koriander, gehackt, nach Belieben
Salz und Pfeffer nach Belieben

Die Knochen im Wasser eine Stunde bei geringer Hitze köcheln lassen. Anschließend durch ein Sieb gießen. Frühlingszwiebeln, Knoblauch und gequirlte Eier hinzufügen und nochmals kurz aufkochen lassen. Mit Salz und Pfeffer abschmecken. Vor dem Servieren mit Koriander bestreuen.

Thugpa | ཐུག་པ་

Nudelsuppe 1

4 EL Mehl
1 l Wasser oder Gemüsebrühe
Butter oder Öl
1 cm Ingwer, gehackt
2 Knoblauchzehen, gehackt
1 große Zwiebel, gehackt
1 1/2 TL Garam Masala
1 1/2 TL Currypulver
1 TL Chilipulver oder scharfer Paprika
1 TL Kurkuma
1 große Kartoffel, gekocht und gewürfelt
1 Tomate, gehackt
150 g Spinat, frisch oder gefroren
250 g Eiernudeln
2 EL Sojasauce
1 1/2 TL Salz
schwarzer Pfeffer

Mehl und etwas Wasser zu einem festen Teig anrühren. Butter oder Öl in einem gußeisernen Kochtopf oder Wok erhitzen. Ingwer, Knoblauch und Zwiebeln darin anbraten. Garam Masala, Chilipulver, Curry und Kurkuma dazugeben und ca. 1 Minute mit anschwitzen. Kartoffeln und Tomate zugeben, kurz mit anbraten und mit dem restlichen Wasser ablöschen. Das Ganze aufkochen lassen. Die Nudeln zugeben und unter Umrühren 5-6 Minuten kochen lassen. Kurz vor dem Servieren den Spinat zugeben und mitkochen, bis er zusammenfällt. Mit Sojasauce, Salz und Pfeffer abschmecken.

༔ ༔ ༔ ༔ ༔ ༔ ༔ ༔ ༔ ༔ ༔ ༔

Tipp für alle Suppen: Falls die Suppe zu dickflüssig gerät, kann sie immer mit Wasser gestreckt werden.

༔ ༔ ༔ ༔ ༔ ༔ ༔ ༔ ༔ ༔ ༔ ༔

Then Thug | འཐེན་ཐུག

Nudelsuppe 2

Mehl und etwas Wasser zu einem festen Teig anrühren. Den Rettich in dünne Streifen schneiden, den Spinat waschen und in große Stücke hacken. Öl in einem Topf erhitzen und gehackte Zwiebeln, Knoblauch und Ingwer anbraten. Dann Fleisch oder Tofu zugeben und anbraten, bis die Poren geschlossen sind. Während des Anbratens die Sojasauce zugeben. Das restliche Wasser, Rettich und Tomaten zugeben. Wenn das Wasser kocht, den Teig ausrollen und in lange dünne Streifen schneiden. Die Streifen in kleine Stücke reißen und ins kochende Wasser fallen lassen. Alles einige Minuten kochen lassen. Kurz vor dem Servieren den Spinat zugeben (bei tiefgefrorenem Spinat entsprechend früher), mit Salz und Gewürzen abschmecken.

Then Thug – Tibetische Nudelsuppe

4 EL Mehl
1 l Wasser oder Gemüsebrühe
150 g Rettich
150 g Spinat [gefroren oder frisch] oder Chinakohl
Öl oder Ghee zum Anbraten
1 große Zwiebel, gehackt
3-4 große Knoblauchzehen, gehackt
1 cm Ingwer, gehackt
300-400 g Lamm- oder Rindfleisch oder Tofu, in kleine Stücke geschnitten
2 EL Sojasauce oder Tamarindensauce
3 Tomaten, gehackt, nach Belieben
1 TL scharfer Paprika oder Chilipulver
Salz zum Abschmecken
Koriander oder Frühlingszwiebel, gehackt zum Garnieren

Kalte Gurkensuppe mit Minze

Die Gurken schälen, der Länge nach halbieren und entkernen. Anschließend in kleine Stücke von ca. 1/2 Zentimeter schneiden. Die Eigelbe mit dem Essig vermischen, Sahne hinzufügen und rühren, bis eine cremige Masse entsteht. Gurkenstücke, Minze und die gekühlte Buttermilch mit einer Prise Salz im Mixer pürieren. Das Püree mit der Eigelb-Sahne-Mischung mit einem Schneebesen verrühren. Mit Salz und Pfeffer abschmecken und kalt servieren.

2 Salatgurken
1-3 EL Reisessig
400 g gekühlte saure Sahne
4 Eigelbe von großen gekochten Eiern
20-30 g Minzblätter [nach Belieben variieren]
500 ml gekühlte Buttermilch
Salz und Pfeffer zum Abschmecken

Tsampasuppe

Diese Suppe soll noch schmackhafter sein, wenn sie aufgewärmt wird. Manche Feinschmecker sollen sich sogar erst zufrieden geben, wenn sie mehrere Male hintereinander aufgewärmt und wieder abgekühlt wurde. Sie nehmen es ohne weiteres in Kauf, ein bis zwei Tage zu warten, bis die Suppe genau den gewünschten Geschmack hat.

Diese Suppe soll noch schmackhafter sein, wenn sie aufgewärmt wird. Manche Feinschmecker sollen sich sogar erst zufrieden geben, wenn sie mehrere Male hintereinander aufgewärmt und wieder abgekühlt wurde. Sie nehmen es ohne weiteres in Kauf, ein bis zwei Tage zu warten, bis die Suppe genau den gewünschten Geschmack hat.

Alexandra David-Néel

Tsamthug | རྩམ་ཐུག

Tsampasuppe

200 g Tsampa [s. Rezept S. 123]
1 1/2 l Wasser oder Gemüsebrühe
60 g Butter oder Margarine
150 g geröstete Sojabohnen
1 kleiner Rettich, in Stücke geschnitten
Salz und Pfeffer zum Abschmecken
200 g getrockneter Käse

Das Tsampa ins kalte Wasser geben und gut durchrühren. Anschließend das Ganze erhitzen. Wenn Sie rohe Sojabohnen haben, dann rösten Sie sie in einer trockenen Pfanne bei mittlerer Hitze unter ständigem Rühren. Dann Butter, geröstete Sojabohnen und Rettich zugeben. Das Ganze etwa 8-10 Minuten köcheln lassen und mit Salz abschmecken. Den Käse dazugeben und in Schalen servieren.

Tse Thug | ཚལ་ཐུག

Tibetische Gemüsesuppe

Ghee oder Öl in einem Topf erhitzen. Knoblauch, Zwiebel und Ingwer 1-2 Minuten unter ständigem Rühren darin anbraten. Das Mehl zugeben und unter ständigem Rühren goldbraun anschwitzen. Wasser zugeben und mit einem Schneebesen verrühren, damit es nicht klumpt. Dann Gemüse, Tomaten, Fleisch bzw. Tofu und Frühlingszwiebeln zugeben und zum Kochen bringen. Mit den restlichen Zutaten würzen und alles 10-15 Minuten köcheln lassen.

geklärte Butter [Ghee] oder Pflanzenöl zum Anbraten • 3 Knoblauchzehen, gehackt • 1 große Zwiebel, gehackt • 1 cm Ingwer, gehackt • 50 g Weizenmehl • ca. 1 l Wasser oder Gemüsebrühe • ca. 200 g gemischtes Gemüse der Saison, gehackt [Blumenkohl, Karotten, Erbsen, Chinakohl usw.] • 1 große Tomate, gehackt • 150 g Rindfleisch oder Tofu, in Würfel geschnitten • 2 Frühlingszwiebeln, gehackt • 1 EL Tamarindensauce oder Sojasauce • Salz, Chilipulver, Pfeffer nach Belieben

Sönams Ladakhisuppe

ལ་དྭགས་ཐུག་པ་

Lammfleisch in sehr kleine Stücke schneiden. Rettich, Fleisch, Spinat, Erbsen, Salz, Pfeffer und Käse mit etwas Wasser kochen. In der Zwischenzeit Mehl, Wasser und Eier zu einem Teig kneten, den Teig ausrollen und in schmale, ca. 1,5 Zentimeter breite Streifen schneiden. Nachdem das Fleisch gar ist, Nudeln in den Topf geben und alles ca. 20 Minuten köcheln lassen. Öl in einem kleinen Topf erhitzen, gehackte Zwiebeln zugeben und anbräunen, Kurkumapuder darüberstreuen und anschwitzen. Die Zwiebel-Kurkuma-Mischung in die Suppe geben. Auf Wunsch kann man die Suppe auch noch mit rotem Chilipulver abschmecken, um sie scharf zu machen.

500 g Lammfleisch
500 g Rettich
250 g Spinat
100 g Erbsen
2 EL Salz
1 TL schwarzer Pfeffer
100 g getrockneter Käse [Churkam]
[s. Grundrezepte S. 127]
500 g Weizenmehl
2 Eier
Wasser
100 ml Pflanzenöl
1 große Zwiebel
1 TL Kurkuma

Chur Thug - Eine reichhaltige tibetische Käsesuppe

Öl oder Ghee zum Anbraten • 1 große Zwiebel, gehackt • 4 Knoblauchzehen, gehackt • 2 rote Chilis, getrocknet und im Mörser zermahlen • 1 cm Ingwer, gehackt • 125-200 g Hackfleisch oder Tofu • 60 g Blauschimmelkäse (Roquefort oder Gorgonzola, wenn man weniger intensiven Geschmack will, als Ersatz für tibetischen Blauschimmelkäse) ohne weißen Rand • 1 große Tomate, gehackt, evtl. zusätzlich Tomatenmark • 1 l Wasser oder Gemüsebrühe • Salz und Pfeffer zum Abschmecken • 1-2 EL Sojasauce • 1 EL Zucker • Speisestärke oder Mehl

Chur Thug | ཕྱུར་ཐུག

Käsesuppe

Bei der Mischung aus scharfem Chili und dem reifen Blauschimmelkäse, nach dem die Suppe benannt ist, handelt es sich um eine typisch tibetische Geschmacksrichtung. Verbreitet ist das Rezept in der Region Kongpo, wo man die Käsesuppe normalerweise zum Frühstück, zusammen mit Tsampa isst.

Das Öl in einem Wok erhitzen. Zwiebel, Knoblauch, Chilis und Ingwer zugeben und 1-2 Minuten anbraten. Das Fleisch zugeben und unter Rühren weiter anbraten, bis es gar ist. Dann den Käse zufügen. Wenn der Käse geschmolzen ist, Temperatur herunterschalten und Tomaten zugeben. Ca. 5 Minuten köcheln lassen und dann mit Wasser nach Belieben auffüllen. Mit Salz, Pfeffer, Sojasauce und Zucker abschmecken. Auf Wunsch mit Speisestärke oder Mehl andicken.

Shogko Thugpa
ཞོག་ཁོག་ཐུག་པ

Tibetische Kartoffelsuppe

4 große Kartoffeln • Butter oder Öl • 1 cm Ingwer, gehackt • 4 Knoblauchzehen, gehackt • 2 große Zwiebel, gehackt • 2 TL Garam Masala • 1/2 TL Chili oder scharfes Paprikapulver • 1 TL Kurkuma • 1 l Wasser oder Gemüsebrühe • 200g Tofu, gehackt • 150g Spinatblätter, gehackt, tiefgefroren oder frisch • 1 TL Essig • 1 1/2 EL Sojasauce • Salz und Pfeffer zum Abschmecken • 2 Frühlingszwiebel, gehackt zum Garnieren • Koriander, gehackt, zum Garnieren

Die Kartoffeln kochen, schälen und zerdrücken. Butter oder Öl erhitzen, dann Ingwer, Knoblauch und Zwiebeln darin anschmoren. Garam Masala, Chilipulver und Kurkuma zugeben und ebenfalls anschwitzen. Die zerdrückten Kartoffeln zugeben, kurz anbraten und mit Wasser ablöschen und mit einem Schneebesen schlagen, bis eine sämige Konsistenz erreicht wird. Tofu und Spinat einrühren und aufkochen lassen. Mit Essig, Sojasauce, Salz und Pfeffer abschmecken und 4-5 Minuten köcheln lassen. Kurz vor dem Servieren die Frühlingszwiebel und den Koriander zugeben. Bei Bedarf mit Wasser verdünnen.

Milarepa

Der große Yogi Milarepa ist eine der beliebtesten Gestalten des tibetischen Buddhismus. Seine Gesänge der Erleuchtung gehören zum tibetischen Kulturgut und werden heute noch von Tibetern gerne gesungen.

Geboren wurde Milarepa im Jahre 1040. Er erhielt zunächst den Namen Thöpa-ga. Sein Vater starb, als Milarepa noch ein Kind war, an einer schweren Krankheit. Sein Onkel bemächtigte sich des ganzen Erbes und die Witwe mit dem Waisenkind ging leer aus. Sie mussten auf dem Gut des Onkels hart arbeiten und erhielten dafür eine karge und grobe Nahrung. Nachdem Milarepa herangewachsen war, veranlasste ihn seine Mutter, bei einem Lama im Yarlung-Tal die schwarze Magie zu erlernen, damit er alle Feinde der Familie samt dem besitzgierigen Onkel vernichten könne. Milarepa war ein sehr fleißiger Schüler und erlernte die schwarze Kunst sehr schnell. Als der Sohn des geizigen Onkels Hochzeit feierte, war die Zeit der Rache gekommen. Milarepa gelang es unter den magischen Beschwörungen das Haus, in dem die Festveranstaltung begangen wurde, plötzlich einstürzen zu lassen. Der Onkel und die Tante blieben verschont, doch kamen die übrigen Gäste ums Leben. Milarepa hatte sein Ziel nicht wirklich erreicht. Um dem Onkel und der Tante zu schaden, ließ er während der Erntezeit durch magische Kraft verheerende Hagelstürme auf die Felder des Tales niedergehen, die das ganze Gebiet in eine kahle Mondlandschaft verwandelten. Mit seiner Magie richtete er viel Schaden an. Plötzlich empfand er Schuldgefühle und war sich nicht mehr sicher, ob dies der richtige Weg gewesen war. In seinem Innern empfand er den sehnlichsten Wunsch, die wahre Religion, die Lehren des Buddha zu studieren. So machte er sich auf die Suche nach einem wirklichen Lehrer. Nach langem Suchen traf er endlich auf seinen Meister, der gerade dabei war, einen Acker zu pflügen. Marpa Lotsawa, was Marpa der Übersetzer bedeutet, war ein Schüler des berühmten indischen Siddhas Naropa. Von diesem hatte er viele buddhistische Lehren erhalten und viele Texte aus dem Sanskrit in das Tibetische übersetzt.

Marpa nahm Milarepa als seinen Schüler an, doch musste Milarepa sechs Jahre harte Prüfungen, Enttäuschungen und Leid erfahren. Marpa ließ ihn Felder pflügen, Steintürme und Häuser erbauen, verweigerte ihm aber jegliche höhere Belehrung, während andere Schüler ohne schwierige Prüfungen eingeweiht wurden. Als schließlich auch Milarepa die buddhistische Einweihung zuteil wurde, belehrte ihn Marpa, dass er schon damals, als Milarepa ihm zum ersten Mal begegnete, wusste, dass er ein besonderer Schüler sei, aber da er vorher ein so großer Sünder war, musste er erst durch das Leiden und die Verzweiflung gereinigt werden. Milarepa erhielt einen neuen buddhistischen Namen Mila Dorje Gyaltsän, von dem Marpa sagte, er hätte ihn von seinem Guru Naropa in einer Traumvision erhalten.

Nachdem Milarepa in der Meditation unter der Anweisung Marpas gute Fortschritte gemacht hatte, entschloss er sich, nach Hause zurückzukehren. Doch seine Mutter war tot, seine Schwester verschwunden. Die Dorfbewohner fürchteten ihn, da sie ihn immer noch für einen Schwarzmagier hielten.

Milarepa entschloss sich, sich zur Meditation in eine Höhle zurückzuziehen, wobei ihn seine Tante, der er mittlerweile verziehen hatte, mit Nahrung und Kleidung unterstützen sollte. Doch wieder wurde er von ihr enttäuscht. Schließlich musste er in Lumpen gehen und sich von einer einfachen Nesselsuppe ernähren, sodass sein Körper schließlich eine grünliche Färbung annahm. Milarepa begann umherzureisen, wobei er meistens in Höhlen lebte und auch seine asketische Lebensweise immer beibehielt. Seine Lehre begann er in Form selbst komponierter und gedichteter Lieder zu verbreiten. Später wurden diese Lieder in den so genannten »Hunderttausend Gesängen« zusammengefasst. Milarepa scharte viele Schüler um sich, die ihn in seinen Höhlen besuchten und seinen Gesängen lauschten, was auch den Neid gewisser Zeitgenossen erregte. Milarepa starb im Alter von 84 Jahren unter großen Wundern im Jahre 1135. Sein Schüler Gampopa führte die Übertragungslinie im Sinne Milarepas weiter.

Sathug | ནུ་ཐུག

Milarepas Nesselsuppe

1 l Gemüsebrühe
1/2 cm Ingwer, fein gehackt
6 Knoblauchzehen, fein gehackt
1/2 TL Pfeffer oder Sechuanpfeffer
500 g Brennesselblätter [nur frische, junge]
Salz zum Abschmecken
1 TL Zucker
100 ml Milch oder Sahne nach Belieben
Mehl oder Speisestärke

Die Gemüsebrühe aufkochen lassen. Ingwer, Knoblauch und Pfeffer zugeben. Die Brennesselblätter in kochendem Wasser kurz blanchieren. Anschließend hacken und in die Brühe geben und 10-15 Minuten kochen lassen. Salz, Zucker und Milch (oder Sahne) zugeben. Auf Wunsch mit Mehl oder Speisestärke andicken.

⁂ ⁂ ⁂ ⁂ ⁂ ⁂ ⁂ ⁂ ⁂ ⁂ ⁂

Tipp: Um das Gericht zu variieren, kann man das Ganze auch in einem Mixer pürieren.

⁂ ⁂ ⁂ ⁂ ⁂ ⁂ ⁂ ⁂ ⁂ ⁂ ⁂

Sathug - Milarepas
Nesselsuppe - Im
Hintergrund Gebetsfahnen
mit heiligen Texten

Ashom Tang | ཨ་ཚོམ་ཐང་

Tibetische Maissuppe

1 EL Butter oder Öl
1/2 Zwiebel, gehackt
1/4 TL Paprikapulver
2 Knoblauchzehen, gehackt
1 cm Ingwer, gehackt
2 Tomaten, gehackt
1 Block fester Tofu, fein geschnitten
1 l Wasser
4 Maiskolben
1 TL Speisestärke
1 Frühlingszwiebel, gehackt, zum Garnieren

Besonders verbreitet ist die Maissuppe in Dharamsala, wo es sie in allen möglichen Variationen gibt. Man bekommt sie als Reisender in fast jedem Restaurant oder Café im Herzen der Stadt des tibetischen Exilsitzes des Dalai Lama in Indien.

Butter oder Öl in einem Topf erhitzen. Die Zwiebel darin anschwitzen. Paprikapulver, Knoblauch und Ingwer zugeben und anbraten. Tomate, Tofu und Wasser zugeben. Währenddessen den Mais vom Maiskolben lösen und in den Topf geben. Speisestärke in etwas Wasser anrühren und ebenfalls zugeben. Alles aufkochen lassen und unter Rühren weitere 5 Minuten kochen. Vor dem Servieren mit Frühlingszwiebeln bestreuen.

Jasha Thugpa
བྱ་ཤ་ཐུག་པ་

Hähnchensuppe aus Sikkim

1,5 l Geflügelbrühe
50 g Karotten, gehackt
50 g grüne Bohnen, gehackt
50 g Kohl, gehackt
1 große Zwiebel, gehackt
200 g Hähnchenfleisch, gehackt
200 g Nudeln
Sojasauce, Essig, Salz und Pfeffer zum Abschmecken

Die Geflügelbrühe erhitzen. Gehacktes Gemüse und Hähnchenfleisch dazu geben und 5 Minuten köcheln lassen. Währenddessen die Nudeln kochen. Die Nudeln abgießen und je eine Portion in eine große Suppentasse geben. Mit der Hähnchensuppe auffüllen und mit Salz, Pfeffer, Sojasauce und Essig abschmecken.

Das tibetische Neujahr ist nicht identisch mit unserem Silvesterfest, da es in Tibet einen anderen Kalender gibt, der sich an der Mondstellung orientiert. So fällt das tibetische Neujahr meist in die Zeit von Februar oder März.

Das Losar-Fest gab es wohl schon in der vorbuddhistischen Periode Tibets. In den Zeiten, als die Tibeter noch die Bön-Religion praktizierten, hielt man jeden Winter spirituelle Zeremonien mit zahlreichen Rauchopfern ab, um die lokalen Beschützer, Geister und Gottheiten zu besänftigen und für das neue Jahr friedfertig zu stimmen. Man nimmt an, dass es unter Pude Gungyal, dem 9. König Tibets, zu einer offiziellen Feier wurde.

Die Losar-Feier dauert meist über eine Woche und ist mit viel Arbeit verbunden: Man näht neue Gebetsfahnen, die mit heiligen Bildern und Texten bedruckt sind, streicht die Häuser frisch und bereitet jede Menge kulinarische Leckereien zu. Unzählige Gebete gehören natürlich ebenfalls dazu. Meist wird die Gottheit Mahakala angerufen, der große Schützer der buddhistischen Lehre, aber auch zahlreiche lokale Schutzgottheiten. Die Altäre werden nach alter traditioneller Überlieferung üppig geschmückt und mit Opfergaben versehen.

Der erste Tag der Losar-Feier wird in der Regel mit der Familie verbracht. Frühmorgens holen sich die Kinder den Segen des Vaters, indem sie ihm mit Hilfe der Mutter Buttertee reichen. Danach werden die Zeremonien vor dem Hausaltar verrichtet. Nach einer guten Mahlzeit geht man zu den Nachbarn und offeriert auch ihnen Buttertee. Man tritt vor deren Altar, nimmt ein wenig Tsampa und Gerste aus einem Holzgefäß und wirft dieses mit einem Segensspruch dreimal in die Luft.

Am ersten Tag findet auch vor dem eigenen Haus, auf dem Hausdach oder auch auf einem nahe gelegenem Hügel in der Anwesenheit von Mönchen eine wichtige Rauchopferzeremonie (Sangchö) statt. Neujahrsgebete werden gesprochen, Orakel befragt und Astrologen sagen die Zukunft voraus.

Am zweiten Tag werden buddhistische Rituale vollzogen. Die Tibeter gehen in die Klöster, wo prächtige Zeremonien gefeiert und zahlreiche Gebete gesprochen werden, um den Segen für das kommende Jahr zu erwirken. Manche Klöster hängen dabei für kurze Zeit - etwa eine Stunde lang in den Morgenstunden - kostbare und oft viele Meter lange Thangkas (religiöse Rollbilder) im Innenhof des Klosters auf. Danach führen Mönche in den Klosterhöfen für die Besucher religiöse Maskentänze auf, in denen zumeist vom Kampf und Sieg des Guten gegen das Böse berichtet wird.

Losar – das tibetische Neujahrsfest

Tibetischer Maskentanz

Frauen aus Ladakh in
traditioneller Tracht

Am dritten Tag werden unter freiem Himmel Volkstänze und Opern aufgeführt und sportliche Wettkämpfe abgehalten. Die restlichen Tage des Festes verbringen die Tibeter mit viel gutem Essen und Chang, zusammen mit ihren Verwandten, Nachbarn und Freunden.

Eine weitere Essenstradition ist zu Losar die Gutuk-Suppe (Neunersuppe). Alles, was in diese Suppe hineinkommt, darf nicht weniger als neun Mal vorkommen. Das bedeutet neun verschiedene Zutaten (meist Gemüsesorten) in einer Fleischbrühe. In die Brühe kommen Klöße. In die größeren werden kleine Überraschungen eingearbeitet, die Symbolcharakter haben. Traditionell sind das Salz, als gutes Zeichen und Hinweis, dass die Person richtig handelte, Wolle als Zeichen, dass man zu faul war, Kohle, wenn man garstig war, Chili für denjenigen, der schlecht gesprochen hat, einen weißen Stein für langes Leben und Butter signalisiert, dass man nett und unbekümmert war.

Jede Person muss neun Schüsseln davon trinken - deshalb bringen viele sehr kleine Schüsseln mit ... Danach schneidet jeder ein Haar ab, ein kleines Stück Fingernagel und etwas Stoff der Kleidung. Dies alles kommt in den Wok. Dann wird der Kamin geputzt und etwas von dem Aschestaub wird ebenfalls in den Wok gegeben. Schließlich wird ein kleines Abbild von jeder Person aus Teig geformt und ebenfalls dazugegeben. Spät in der Nacht wird dieser Wok von den Kindern hinaus getragen und auf eine Wegkreuzung gestellt. Währenddessen wird jede Menge Krach gemacht mit Geschrei, Glocken, Gewehren oder Töpfen und Pfannen, die zusammengeschlagen werden. Diese traditionelle Zeremonie nennt man »lü«. Man treibt damit die negativen Kräfte aus und bereitet sich so auf das neue Jahr vor.

Westliche Buddhisten haben diese Tradition adaptiert und stecken kleine Zettelchen in die Klöße mit buddhistischen Qualitäten, die man im kommenden Jahr entwickeln soll. Da findet man zum Beispiel Worte wie Geduld, Mitgefühl, Toleranz oder Freigebigkeit.

Chang Kö | ཆང་སྐོལ

Losarsuppe

Alles Zutaten in einen großen Topf geben und mischen und 10-15 Minuten kochen.

1,5 l Chang · 12 EL Tsampa · 6 EL getrockneter Käse [Churkam] · 4 EL Butter · 4 EL Zucker · Rosinen nach Belieben

Kalte Speisen

Shentse | ह्रेन་ཚལ

Kohlsalat

1 kleiner Weißkohl
1 Daikon-Rettich [oder weißer Rettich]
2 Karotten
Saft einer Zitrone oder 3 EL Essig
Salz, Pfeffer oder Chilipulver nach Belieben

Shentse heißt übersetzt eigentlich »kaltes Gemüse«. Es ist eines der wenigen Salatrezepte, die es in der traditionellen tibetischen Küche gibt. Es wirkt erfrischend und passt gut zu Momos oder als Beilage zu allen anderen warmen Gerichten.
Weißkohl, Rettich und Karotten in dünne Stifte schneiden. Mit Zitronensaft oder Essig anmachen und mit Salz, Pfeffer oder Chili würzen.

Sönlaphug | བསོན་ལ་ཕུག

Eingelegter Rettich

1 großer Rettich • 100 ml Essig • 400 ml Wasser • 4 Knoblauchzehen, fein gehackt • 1 Chilischote, im Mörser zermahlen • 1/2 TL Sechuanpfeffer • 1/2 TL Kümmelsamen

Variation 1
Rettich in dünne Scheiben schneiden. Essig und Wasser mischen und über den Rettich gießen. Dann die anderen Zutaten unterrühren. Das Ganze in einen Topf und gut verschließen. An einem warmen Platz 10-12 Tage stehen lassen.

1 Rettich • 1 1/2 EL Salz • 3 rote Chilischoten, getrocknet, im Mörser zermahlen • Pfeffer nach Belieben

Variation 2
Den Rettich klein schneiden und mit den Gewürzen vermischen. Das Ganze in einen Topf. Gut verschließen und 6-7 Tage stehen lassen.

✵ ✵ ✵ ✵ ✵ ✵ ✵ ✵ ✵
Info: In Tibet gibt man manchmal noch ein Stück rote Bete hinzu. Dadurch erhält der Rettich eine schöne rote Färbung.
✵ ✵ ✵ ✵ ✵ ✵ ✵ ✵ ✵

Yaba | ཡ་སྦྲ

Buchweizensalat

3 Bündel junge grüne Buchweizenblätter • 1 EL Honig • 3 Knoblauchzehen, gehackt • Salz und Chili zum Abschmecken • heißes Wasser • 150 g Joghurt • 1 EL Öl • 1/2 TL Bockshornkleesamen

Die gewaschenen Buchweizenblätter grob hacken. Mit Honig, Knoblauch, Salz, Chili und heißem Wasser mischen und über den Salat geben. Den Joghurt auf den Salat geben und alles gut unterrühren. Öl in einer Pfanne erhitzen, die Bockshornkleesamen anbräunen und vor dem Servieren den Salat damit garnieren.

Lakyur | ལ་སྐྱུར་

Eingelegter Weißkohl

Variante 1
Den Kohl in dünne Streifen schneiden. Essig und Wasser mischen und über den Kohl gießen. Dann die anderen Zutaten unterrühren. Das Ganze in einen Topf füllen und gut verschließen. An einem warmen Platz 10-12 Tage stehen lassen.

1 kleiner Weißkohl · 100 ml Essig · 400 ml Wasser · 4 Knoblauchzehen, fein gehackt · 1 Chilischote, im Mörser zermahlen · 1/2 TL Sechuanpfeffer · 1/2 TL Kümmelsamen

Variante 2
Den Weißkohl kleins chneiden und mit den Gewürzen vermischen. Das Ganze in einen Topf geben. Gut verschließen und 6-7 Tage stehen lassen.

1/2 Weißkohl · 1 1/2 EL Salz · 3 rote Chilischoten, getrocknet, im Mörser zermahlen · Pfeffer nach Belieben

Tipp: Beide Rezepte lassen sich statt mit Weißkohl auch mit Brokkoli oder anderen Kohlsorten variieren.

Dragyu | ཁྲག་རྒྱུ་

Blutwurst

Das gemahlene Getreide halb gar kochen und zur Seite stellen. Dann Blut, Fleisch, Zwiebeln und die Gewürze untereinander mischen. Etwas Mehl dazugeben und miteinander verrühren. Dann das halb gekochte Getreide in die Mischung geben und unterrühren. Salz zugeben.
Eine Seite des Darms mit einer Schnur zubinden. Blutwurstmischung mit Hilfe einer Tülle in den Darm einfüllen. Darauf achten, dass der Darm nicht zu sehr gestopft ist. Dann das andere Ende zubinden und die vorbereitete Wurst in einem Topf mit heißem Wasser 25-30 Minuten kochen. Mit einer Gabel von Zeit zu Zeit einstechen, um den Druck auszugleichen.

400 g Gerste, grob gemahlen · 400 ml Blut vom Rind oder Schaf · 1 kg Fleisch und/oder Innereien, sehr fein gehackt · 1 große Zwiebel, gehackt · 1/2 Schalotte, gehackt · 1 TL schwarzer Pfeffer · 1/2 TL Kümmel, fein gemahlen · 1/2 TL Chilipulver · 1/2 TL Sechuanpfeffer · etwas Mehl · Salz nach Belieben · 1 Ziegendarm, gewaschen, vom Metzger

Info: Wurst, die ohne Blut hergestellt wird, heißt in Tibet Gyukar [weiße Wurst]. Sie wird mit gleicher Rezeptur, jedoch statt Blut mit Wasser hergestellt. Die Wassermenge muss hierbei jedoch auf ca. 350 ml reduziert und die Fleischmenge auf ca. 1,2 kg erhöht werden.

Achtung: Das Fleisch muss frisch und kühl sein, damit das Eiweiß besser bindet.

Bhutan

Das Königreich Bhutan ist etwas größer als die Schweiz und liegt im östlichen Himalaya. Bhutan wird auf tibetisch »drugyül« genannt, was übersetzt »Land des Drachen« heißt. Bhutan ist von tibetischen Volksgruppen bewohnt, die einen tibetischen Dialekt (Dzongkha) sprechen. Im Norden bildet der Himalaya die natürliche Grenze zu Tibet und im Süden grenzt es mit Urwald bedeckten Gebirgsketten und Dschungeln an Indien. Bis zur Staatsgründung Anfang des 17. Jahrhunderts ist man nur sehr lückenhaft über seine Geschichte informiert. So soll schon Padmasambhava im 8. Jahrhundert zwei Mal das Land besucht haben und dem Buddhismus zum Durchbruch gegen die alte Bön-Religion verholfen haben. Mit dem Jahr 1616 beginnt die eigentliche Geschichte von Bhutan. Der Shabdrung Ngawang Namgyel, das geistliche und weltliche Oberhaupt, begann mit dem Bau bedeutender Burgen (Dzongs) und Wehrtürmen, um den von ihm geschaffenen Staat gegen Eindringlinge und Feinde zu schützen. In den folgenden Jahrhunderten wurde Bhutan von geistlichen Herrschern regiert, bis im Jahr 1907 der erste König Urgyen Wangchuck inthronisiert wurde. Seitdem ist Bhutan ein Königreich.

Bis heute ist es schwierig, Bhutan zu bereisen. Die Bhutanesen beschränken die Besucherzahlen, um auf diese Art vom Tourismus nicht überrollt zu werden und so ihre kulturelle Identität zu wahren.

Gurke mit Zwiebeln und Käse aus Bhutan

170 g Salatgurke, entkernt, in kleine Stückchen geschnitten
1 rote Zwiebel, gehackt
85 g Feta-Käse, zerbröselt
1 grüne Chilischote, frisch, entkernt und gewürfelt
1 EL Öl
Salz und schwarzer Pfeffer

Gurke mit Zwiebeln und Käse aus Bhutan

Gurke und Zwiebeln mit Feta-Käse, Chili und Öl mischen. Mit Salz und frisch gemahlenem Pfeffer abschmecken.

✄ ✄ ✄ ✄ ✄ ✄ ✄ ✄ ✄ ✄ ✄

Info: Feta wird hier als Ersatz für einen bhutanesischen Käse verwendet, der im Westen nicht erhältlich ist.

✄ ✄ ✄ ✄ ✄ ✄ ✄ ✄ ✄ ✄ ✄

Die Momos

Momo ist ein chinesisches Wort, das eigentlich Brot bedeutet. Die Tibetaner haben seine ursprüngliche Bedeutung jedoch abgeändert; bei ihnen ist Momo der Name für kleine Fleischpasteten.

Die Momos werden immer sehr heiß gegessen, während fast alle übrigen Speisen bekanntlich nie ganz heiß gegessen werden.

Alexandra David-Néel

Momoteig

Mehl und Salz zusammen in eine Schüssel geben, Wasser und Öl zugeben und kneten, bis ein nicht zu fester Teig entsteht. Den Teig zu einem Ball formen, mit einer Plastikfolie abdecken und etwa 1 Stunde stehen lassen.

Dann den Teig in kleine Stücke schneiden und jedes Stück so dünn wie möglich auf einem Brett ausrollen. Kreise von 8-10 Zentimeter Durchmesser ausstechen (zum Beispiel mit einer Suppentasse). 1 EL der Füllung in der Mitte des ausgestochenen Teigs platzieren. Den gesamten Rand des Teigkreises über der Füllung zusammennehmen und durch Drehung nach rechts oder links verschließen.

In einem Topf Wasser zum Kochen bringen. Die Momos in einen chinesischen Bambusdampfeinsatz legen und über dem kochenden Wasser 8-10 Minuten dämpfen. Zu den Momos reicht man verschiedene Dips, wie zum Beispiel Sönams Tomaten-Koriander-Dip (s. Dips S. 111).

Tipp: Im Bambuseinsatz Kohlblätter als Unterlage für die Momos benutzen. Aufpassen, dass sich die Momos im Dampfeinsatz nicht berühren, sonst kleben sie aneinander.

500 g Mehl
1 TL Salz
1 EL Öl
170 ml lauwarmes Wasser

Tse Momo | ཚལ་མོག་མོག

Gemüsemomos

Gemüsemomos sind in Tibet nicht allzu verbreitet, da man in Tibet eher Fleisch als viel Gemüse bekommt. Verbreiteter sind eher Momos mit Kartoffelfüllung.

Zwiebeln, Knoblauch, Ingwer, Chilipulver und Minze in Öl anbraten und Garam Masala, Sojasauce und Salz zugeben. Das Ganze zu dem fein gehackten Gemüse geben und gut miteinander vermischen.

3 Frühlingszwiebeln, gehackt ·
3 Knoblauchzehen, fein gehackt · 1 cm frischer
Ingwer, fein gehackt · 1/2 TL Chilipulver ·
8 Minzblätter · 1 EL Öl · 1/2 TL Garam
Masala nach Belieben · 1 1/2 EL Sojasauce ·
Salz nach Belieben · 1 kleiner Kohl, fein
gehackt [Alternative: Blumenkohl, Brokkoli] ·
2 Karotten, in sehr feine Streifen geschnitten ·
2 kleine Kartoffeln, in sehr kleine
Würfel geschnitten · 150 g Spinat blanchiert
und fein gehackt

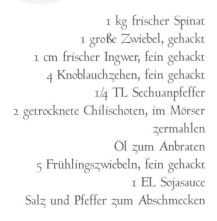

Tsoma Momo

ཚོད་མ་མོག་མོག

Momos mit Spinatfüllung

Mit Tsoma bezeichnet man eigentlich alle möglichen Arten von grünem Gemüse. Das kann auch Mangold sein oder Suppengrün statt Spinat. Ein schöner Zeitvertreib für Kinder in Tibet, die auf Farmen leben, ist es, auf den Feldern wilde Kräuter zu sammeln. Wer die Momos scharf machen möchte, kann noch Chili dazugeben. Ansonsten kann man auch einfach eine scharfe Chilisauce dazu reichen.

Spinat waschen, in kochendem Wasser kurz blanchieren und hacken. In einem Sieb abtropfen lassen. Zwiebeln, Ingwer, Knoblauch, Sechuanpfeffer und gemahlene Chilischoten in Öl stark anbraten. Frühlingszwiebeln, Sojasauce, Salz und Pfeffer untermischen, am Schluss den Spinat unterheben.

1 kg frischer Spinat
1 große Zwiebel, gehackt
1 cm frischer Ingwer, fein gehackt
4 Knoblauchzehen, fein gehackt
1/4 TL Sechuanpfeffer
2 getrocknete Chilischoten, im Mörser
zermahlen
Öl zum Anbraten
5 Frühlingszwiebeln, fein gehackt
1 EL Sojasauce
Salz und Pfeffer zum Abschmecken

Tsoma Dang Chura Momo | ཚོད་མ་དང་ཕྱུར་ར་མོག་མོག

Dampfkochtopf aus Ton

Momos mit Spinat-Käse-Füllung

Der tibetische Chuship-Käse ist eigentlich ideal für dieses Rezept. Da man ihn aber hier im Westen nicht bekommen kann, ersetzt man ihn entweder mit zerbröseltem Feta-Käse, indischem Panir, klein geschnittenem Mozarella oder Ricotta, gemischt mit geriebenem Parmesan.

Spinat waschen, in kochendem Wasser kurz blanchieren und hacken. In einem Sieb abtropfen lassen. Zwiebeln, Ingwer, Knoblauch, Sechuanpfeffer und gemahlene Chilis in Öl stark anbraten. Käse dazugeben, unterrühren und mit anbraten.

750 g frischer Spinat · 1 große Zwiebel, gehackt · 1/4 TL Sechuanpfeffer · 4 Knoblauchzehen, fein gehackt · 1 cm frischer Ingwer, fein gehackt · 5 Frühlingszwiebeln, fein gehackt [nach Belieben] · 2 getrocknete Chilischoten, im Mörser zermahlen · Öl zum Anbraten · 500 g tibetischer Käse oder indischer Panirkäse [beide s. Grundrezepte] ersatzweise zerbröselter Feta-Käse · Salz und Pfeffer zum Abschmecken

Brokkoli-Kartoffel-Momos

Butter in einem Topf erhitzen. Zwiebeln, Knoblauch und Ingwer darin anbraten. Dann Chilischoten und Gewürze zugeben und kurz mitbraten. Jetzt den Brokkoli dazugeben und mit etwas Wasser ablöschen. Dann Kartoffelpüree, Koriander, Joghurt und Zitronensaft zugeben und weitere 5 Minuten köcheln lassen. Mit Salz und Cayennepfeffer abschmecken.

Butter zum Anbraten
1 große Zwiebel, gehackt
4 Knoblauchzehen, gehackt
1 cm Ingwer, gehackt
3 grüne Chilischoten, in Stücke geschnitten
1 TL Kumin
1 TL Currypulver
Wasser
1/2 TL Kurkuma
1 kleiner Brokkoli, gehackt
250 g Kartoffelpüree
etwas Koriander, gehackt
75 g Joghurt
Saft einer halben Zitrone
Salz und Cayennepfeffer zum Abschmecken

Ladakh

Ladakh liegt westlich von Tibet mitten im Himalaya. Es wird heute von Indien verwaltet und gehört zu dem indischen Staat Jammu-Kashmir. Irreführenderweise wird Ladakh auch als Klein-Tibet oder Westtibet bezeichnet. Ladakh heißt so viel wie »Land der hohen Pässe«. Die Ladakhis sprechen einen tibetischen Dialekt, der allerdings von Tibetern oft nicht verstanden wird.

Ladakhs Hauptstadt Leh liegt in einem Tal auf etwa 3.500 Metern Höhe. Hier gibt es den höchsten Flughafen der Welt und auch die höchste Radiostation. Von Leh ausgehend beginnt auch die höchste befahrbare Passstraße der Welt, die an ihrem höchsten Punkt etwas über 5.300 Meter hat. Leh ist eingebettet in das breite Hochtal des Indus - eine Metropole, in der Handel betrieben wird, viele Touristenhotels existieren, mit einem großen Markt und vielen Geschäften mit touristisch orientierten Waren.

Nach der chinesischen Besetzung Tibets haben viele Tibeter hier Zuflucht gefunden und bilden eine starke tibetische Gemeinschaft.

Die Geschichte Ladakhs wurde maßgeblich bestimmt von den Herrschern in Tibet, den Moslems, die aus Kashgar und Baltistan in Ladakh einfielen, den herrschenden Dynastien im Land selbst und von den Indern. Aufgrund der engen Bindung zu Tibet und dem tibetischen Buddhismus vergisst man häufig, dass es in Ladakh auch sehr viele Moslems gibt. In dem Dorf Mulbekh markiert eine etwa acht Meter hohe Statue des zukünftigen Buddha Maitreya die Religionsgrenze. Bis heute gibt es in Ladakh eine Königsfamilie, die in Stok, ihrem Königspalast lebt, jedoch keinerlei politische Bedeutung mehr hat.

Heute lebt Ladakh zu einem Großteil vom Tourismus. In den Monaten Juni bis September ist dort die Hauptsaison und viele Ladakhis verdienen sich ihr Geld als Fremdenführer, Übersetzer oder Bergführer. In den Straßen von Ladakh ist das indische Militär heute nicht mehr wegzudenken. Über eine Million Soldaten sind in diesem politischen Brennpunkt permanent stationiert, um sich einerseits gegen China abzusichern und andererseits gegen den Kashmirkonflikt im Westen.

Momos im Bambus-Dampfkochtopf

Lugsha Momos

ལུག་ཤ་མོག་མོག

Sönams Momos mit Lammfleischfüllung aus Ladakh

Alle Zutaten in eine Schüssel geben und untereinander mischen.

750 g Lammfleisch, roh und fein gehackt
4 Frühlingszwiebeln, gehackt
1 cm frischer Ingwer, gehackt
1 1/2 TL Knoblauch, gehackt
50 g frischer Koriander, fein gehackt
2 grüne Chilischoten, entkernt und fein gehackt
1 TL Garam Masala
1 TL Currypulver
1 TL Koriander, gemahlen
1 TL Kuminpulver [Kreuzkümmel]
2 EL Öl [nur, wenn man die Momos besonders saftig haben möchte]
80 ml Wasser

Lugsha Momos

ལུག་ཤ་མོག་མོག

Momos mit Lammfleisch

Alle Zutaten der Füllung in eine Schüssel geben und gut durchmischen.

500 g rohes Lammfleisch, gehackt · 1 Zwiebel, gehackt · Grünkohl, fein gehackt · Koriander, gehackt · 4 Knoblauchzehen, gehackt · 1 cm Ingwer, gehackt · 1 1/2 TL Currypulver · 1 EL Sherry · 2 TL Mehl · 2 TL Sojasauce · 1 1/2 TL Cayennepfeffer

Dampfkochtopf aus Kupfer

500 g rohes Rindfleisch, gehackt
1 1/2 Zwiebeln, gehackt
1 cm frischer Ingwer, gehackt
5 Knoblauchzehen, gehackt
1/2 TL Sechuanpfeffer
2 Frühlingszwiebeln, gehackt
1/2 EL Öl
2 EL Sojasauce
1-2 TL Kumin, nach Belieben
Koriander, fein gehackt, nach Belieben
Salz nach Belieben

Langsha Momo

གྲུང་ཤ་མོག་མོག་

Momos mit Rindfleischfüllung

Alle Zutaten der Füllung in eine Schüssel geben und gut durchmischen.

Amdo Phak Sha

ཨ་མདོ་ཕག་ཤ་མོག་མོག་

Momos mit Schweinefleisch

Alle Zutaten der Füllung in eine Schüssel geben und gut durchmischen.

500 g rohes Schweinefleisch, gehackt • 1 1/2 Zwiebeln, gehackt • 1 cm frischer Ingwer, gehackt • 5 Knoblauchzehen, gehackt • 1/2 TL Sechuanpfeffer • 2 Frühlingszwiebeln, gehackt • 1/2 EL Öl • 2 EL Sojasauce • 1-2 TL Kumin, nach Belieben • Koriander, fein gehackt, nach Belieben • Salz nach Belieben

Momos mit zwei Dips

Die Sherpas

Das Wort *Sherpa* könnte mit »Volk aus dem Osten« übersetzt werden. Vor etwa 400 Jahren wanderten mehrere Clans aus Kham im östlichen Tibet gen Süden. Sie waren mehrere Generationen lang auf Wanderschaft, bis sie sich schließlich in Ostnepal in den Landschaften Khumbu und Solu, in Helambu nördlich von Kathmandu sowie in einigen nepalesischen Städten niederließen. Auch in ihrer neuen nepalesischen Heimat haben sie über die Jahrhunderte die tibetische Sprache und Tradition aufrechterhalten. Durch die Erstbesteigung des Mount Everest im Jahre 1953 durch Sir Edmund Hillary und dem Sherpa Tenzing Norgay sind die Sherpas weltberühmt geworden.

Sherpa Momos
ཤར་པ་མོག་མོག

Momos mit Hähnchenfleischfüllung aus Nepal

Alle Zutaten der Füllung in eine Schüssel geben und gut durchmischen.

500 g rohes Hähnchenfleisch, gehackt
2 Zwiebeln, gehackt
6 Knoblauchzehen, gehackt
1,5 cm Ingwer, gehackt
1-2 TL Garam Masala
3 TL Sojasauce
Koriander, gehackt
Salz und Pfeffer zum Abschmecken

Momo-Form mit zwei Teigkreisen

Momos nach Belieben
Öl zum Anbraten

Momo Ngopa
མོག་མོག་རྩོང་པ

Gebratene Momos

Bereiten Sie eine Füllung Ihrer Wahl zu. Aus dem Teig werden hier pro Momo 2 Kreise ausgestochen (ca. 8-10 Zentimeter). Die Füllung auf eine Scheibe geben und mit der 2. Scheibe abdecken und die Seiten gut zusammendrücken. Damit die Kreise besser aufeinander haften, die Ränder vorher mit etwas Wasser anfeuchten. Öl in einer Pfanne erhitzen und die Momos von beiden Seiten anbraten.

※ ※ ※ ※ ※ ※ ※ ※ ※ ※ ※

Info: Man kann die Momos auch frittieren, dann werden sie als Sha Bale bezeichnet. Dann sollte allerdings die Füllung vorher kurz in der Pfanne angebraten werden, bevor man die Momos in heißem Fett frittiert. Sie sind auch als Snacks für Picknicks beliebt, da man sie kalt gut essen kann.

※ ※ ※ ※ ※ ※ ※ ※ ※ ※ ※

Tipp: Man kann die Teigränder mit Hilfe eines kleinen Löffelstiels vorsichtig an der Seite anheben und in gleichmäßigen Abständen über den Teigrand schlagen und fest drücken. So ergibt sich ein schönes Muster.

※ ※ ※ ※ ※ ※ ※ ※ ※ ※ ※

Mothug | མོག་ཐུག

Tashi Lhamos Momosuppe

Die Momosuppe ist ein Momogericht, bei dem die Momos in einer leichten Brühe serviert werden.

Dazu kann man Momos mit den verschiedensten Formen und den unterschiedlichsten Füllungen verwenden. Wenn man schon dabei ist, Momos herzustellen, dann kann man auch immer mal eine Extraportion machen und sie anschließend einfrieren. Dann hat man immer wieder die verschiedensten Momos, die man in eine Momosuppe geben kann.

Öl erhitzen. Zwiebel, Ingwer und Knoblauch darin anbraten und mit Wasser auffüllen. Dann das Gemüse zugeben und alles 10-15 Minuten köcheln lassen. Währenddessen Momos nach Rezept, nur etwas kleiner und in Halbmondform formen (oder schon fertige Momos bereitstellen). Anschließend durch ein Sieb abgießen, die Brühe auffangen und das gekochte Gemüse wegstellen (zu anderweitiger Benutzung). Brühe erneut aufkochen. Momos zugeben und kochen lassen, bis die Momos oben schwimmen.

Nach Belieben kann man noch Erbsen mitkochen und mit Sojasauce, Salz und Pfeffer abschmecken. Vor dem Servieren noch frisch gehackte Frühlingszwiebeln darüberstreuen.

Momo Ngopa - Gebratene Momos

Öl zum Anbraten
2 Zwiebeln, gehackt
1 cm Ingwer, gehackt
5 Knoblauchzehen, gehackt
ca. 2 l Wasser
3 Tomaten, gehackt
2 Karotten, in dünne Scheiben geschnitten
1 kleiner Blumenkohl, in Röschen zerteilt
weiteres Gemüse nach Belieben
1 EL Sojasauce
Salz und Pfeffer nach Belieben
Frühlingszwiebeln und Erbsen nach Wunsch

Vegetarische Hauptgerichte

Das Gemüse

Die Auswahl an Gemüse, das in der unmittelbaren Umgebung der Dörfer angepflanzt wird, beschränkt sich in der Regel auf die folgenden Sorten: Kartoffeln, Spinat, weiße Rüben, Rettich, chinesischer Kohl, Sellerie und Zwiebeln. In einem einzelnen Dorf werden aber gewöhnlich nur zwei bis drei dieser Sorten angebaut, während dagegen Saubohnen, Linsen, Erbsen, Weizen und Gerste überall in Tibet anzutreffen sind. Davon machen nur die nördlichen breiten Steppeneinöden eine Ausnahme, denn die in Zelten wohnenden Hirten leben fast ausschließlich von der Viehzucht.

Alexandra David-Néel

Shogok Gase - Tibetisches Kartoffelcurry

6 große Kartoffeln, geschält
Öl zum Anbraten
1/2 TL Bockshornkleesamen
2 große Zwiebeln, gehackt
1 cm Ingwer, gehackt
5 Knoblauchzehen, gehackt
1 TL Koriander, gemahlen
1 TL Kumin [Kreuzkümmel]
2 1/2 TL Currypulver
1 EL Kurkuma
2 große Fleischtomaten, gehackt,
evtl. zusätzlich Tomatenmark
1-2 getrocknete rote Chilis oder Chilipulver
Gemüsebrühe nach Bedarf
Salz und Pfeffer

Shogok Gase

ཞོག་ཁོག་ག་སེ་

Tibetisches Kartoffelcurry

Die Kartoffeln kochen und vierteln. In einem Wok das Öl erhitzen und die Bockshornkleesamen unter ständigem Rühren anbräunen. Zwiebel, Ingwer und Knoblauch zugeben und 1-2 Minuten anschwitzen. Die restlichen Gewürze zugeben und ca. 1 Minute mit schmoren. Die gehackten Tomaten, Chili und etwas Wasser dazugeben. Ca. 25-30 Minuten köcheln lassen und ab und zu umrühren. Dickt das Ganze zu sehr ein, mit Gemüsebrühe verdünnen. Kurz vor Schluss werden die gekochten Kartoffeln hinzugefügt, alles kurz aufgekocht und mit Salz und Pfeffer abgeschmeckt.
Dazu passen Reis und tibetisches Brot. Wird nach indischer Art auch gerne mit Joghurt gegessen, um die Schärfe zu mildern.

Thugpa Ngopa

ཐུག་པ་རྫོང་པ

Gebratene Nudeln mit Gemüse

(in China unter dem Namen Chow Mein bekannt)

Die Nudeln entsprechend der Anleitung in kochendem Salzwasser garen. Öl in einem Wok stark erhitzen. Nudeln und eine Hälfte der Frühlingszwiebeln unterrühren und anbraten. Eventuell in mehreren Portionen. Dann zur Seite stellen.
Das Öl im Wok erhitzen und die übrigen Frühlingszwiebeln und restlichen Zutaten ca. 2-3 Minuten unter Rühren garen. Das Ganze über die gebratenen Nudeln gießen.

Thugpa Ngopa - Gebratene Nudeln

250 g Mi-Nudeln
Öl zum Anbraten
2 Frühlingszwiebeln, in dünne Streifen geschnitten
2 Karotten, gestiftelt
1 kleiner Brokkoli, in kleine Stücke geschnitten
1/4 Weißkohl, in kleine Stücke geschnitten
4 Knoblauchzehen, gehackt
1 cm Ingwer, gehackt
1 TL Salz
1 EL Sojasauce
Variationen: mit weiteren Gemüsesorten

Laphug Ngopa

ལ་ཕུག་རྫོང་པ

Rettich-Pfanne

Das Öl in einem Wok erhitzen, Zwiebel, Knoblauch und Ingwer darin anbraten. Den fein geschnittenen Rettich und ggf. das Fleisch dazugeben und anbraten. Sojasauce, Salz, Zucker und etwas Wasser dazugeben. Alles ca. 10 Minuten kochen lassen.

Öl zum Anbraten • 1 Zwiebel, gehackt • 3 Knoblauchzehen, gehackt • 1 cm Ingwer, gehackt • 1/2 Rettich, in kleine Stücke geschnitten • 250 g Rindfleisch, in kleine Stücke geschnitten [auf Wunsch] • 1 EL Sojasauce • 1 TL Zucker • Wasser zum Ablöschen • Salz zum Abschmecken

Petse Ngopa

པད་ཚལ་རྔོད་པ།

Gebratener Chinakohl

3 EL Öl
2 Knoblauchzehen, gehackt
1 cm Ingwer, gehackt
1 kleine Zwiebel, gehackt
500 g Chinakohl, in kleine Stücke geschnitten
1 1/2 TL Salz
1 TL Zucker
1 TL Sojasauce

Das Öl in einem Wok erhitzen. Knoblauch, Ingwer und Zwiebeln anbraten. Dann den Chinakohl zugeben. 1-2 Minuten unter ständigem Rühren anbraten. Jetzt Salz, Zucker und Sojasauce zugeben und ca. 1 Minute weiterbraten.

Tsoma Ngopa

ཚོད་མ་རྔོད་པ།

Geschmorter Spinat

Öl zum Anbraten
2-3 Knoblauchzehen, gehackt
1 Zwiebel, gehackt
1 cm Ingwer, gehackt
400-450 g Spinat
1 EL Sojasauce
1 TL Zucker
etwas Wasser
Salz zum Abschmecken

Das Öl in einem Wok erhitzen. Knoblauch, Zwiebel und Ingwer anbraten. Die Spinatblätter zugeben und 2-3 Minuten unter ständigem Rühren garen. Sojasauce, Zucker und Wasser zugeben und weitere 1-2 Minuten garen. Mit Salz abschmecken.

⁂ ⁂ ⁂ ⁂ ⁂ ⁂ ⁂ ⁂ ⁂ ⁂ ⁂

Tipp: Statt Spinat kann man auch Grünkohlherzen verwenden, die dann jedoch vorher kurz blanchiert werden sollten.

⁂ ⁂ ⁂ ⁂ ⁂ ⁂ ⁂ ⁂ ⁂ ⁂ ⁂

De Ngopa

འབྲས་ཆོད་པ།

Gebratener Reis

Das Öl erhitzen und Zwiebeln, Ingwer und Knoblauch darin anbraten. Erbsen, Karotten und weiteres Gemüse zugeben und unter ständigem Rühren anschmoren. Jetzt den Reis zugeben und unterrühren, anschließend alles anbraten. Salz und Sojasauce zugeben und alles gleichmäßig mischen. Sofort servieren. Eventuell noch mit Pfeffer und Chilipulver abschmecken.

De Ngopa – Gebratener Reis

Öl zum Anbraten
1 große Zwiebel, gehackt
1 cm Ingwer, gehackt
100 g Erbsen, gekocht
3 Knoblauchzehen, gehackt
2 Karotten, gestiftelt
200-250 g Gemüse aller Art, fein gehackt [Kohl, Karotten, Mais, Paprika, Pilze usw.]
500 g Reis, gekocht [körnig]
1 TL Salz
1-2 EL Sojasauce
Pfeffer oder Chilipulver zum Abschmecken

Go Nga De Ngopa

སྒོང་འབྲས་ཆོད་པ།

Gebratener Reis mit Eiern

Die Eier mit der Hälfte der Frühlingszwiebeln und etwas Salz verquirlen. Etwas Öl im Wok erhitzen, Eier zugeben und stocken lassen. Beiseite stellen. Wieder Öl erhitzen und den Rest der Frühlingszwiebeln, Ingwer und Knoblauch anbraten. Erbsen und Karotten zugeben und unter Rühren anschmoren. Jetzt den Reis zugeben und unterrühren, anschließend alles anbraten. Salz, Sojasauce und Eier zugeben und alles gleichmäßig mischen. Sofort servieren. Eventuell noch mit Salz, Pfeffer und Sojasauce abschmecken.

2 Eier • 2 Frühlingszwiebeln, fein gehackt • 1 TL Salz • Öl zum Anbraten • 1 cm Ingwer, gehackt • 3 Knoblauchzehen, gehackt • 100 g Erbsen, gekocht • 2 Karotten, gestiftelt • 500 g Reis, gekocht [körnig] 1-2 EL Sojasauce • Salz, Pfeffer oder Chilipulver zum Abschmecken

Ema Datshi

Scharfer Käsetopf aus Bhutan

250 g milde grüne Chilischoten, sonst Menge
verringern
2 Zwiebeln, gehackt
500 ml Wasser
1 EL Öl
5 Knoblauchzehen, gehackt
2 Tomaten, klein gewürfelt, evtl. zusätzlich
Tomatenmark
250-350 g oder mehr nach Belieben Feta-Käse
[Ersatz für bhutanesischen Käse]
ein paar Stängel frischer Koriander

Die Chilischoten in längliche Streifen schneiden, zusammen mit den Zwiebeln in das Wasser geben und 10 Minuten bei mittlerer Hitze köcheln lassen. Tomaten, Knoblauch und Öl zugeben und weitere 2-3 Minuten köcheln. Feta-Käse zugeben. Zum Schluss Koriander unterrühren und einige Minuten ziehen lassen.
Wird mit Reis serviert.

Kewa Datshi

Kartoffeln mit Käse aus Bhutan

4 Kartoffeln, geschält
1 EL Öl
1 große rote Zwiebel, gehackt
Salz nach Belieben
100 g Schweizerkäse oder Feta
Tomaten, gehackt, nach Belieben
200 ml Wasser
1/2 TL Chilipulver

Die Kartoffeln in Streifen schneiden (wie Pommes frites). Das Öl in der Pfanne erhitzen und die Zwiebeln anbraten. Kartoffeln zugeben. Anschließend mit Wasser ablöschen. Währenddessen den Käse in kleine Stücke schneiden. Wenn die Kartoffeln gar sind, Käse und Tomaten zugeben. Während der Zubereitung immer wieder einmal Wasser nachgießen. Zum Schluss das Chilipulver zugeben und mit Salz abschmecken.

Tibeterin beim Buttern

Tse dang Tofu
ཚལ་དང་ཏོ་ཧྲུ

Mangold mit Tofu

1 EL Öl
2 Frühlingszwiebeln, gehackt
1 TL Paprikapulver
1 cm Ingwer, gehackt
3 Knoblauchzehen, gehackt
2 EL Sojasauce
4 Blöcke fester Tofu, in Würfel geschnitten
250 g grüne Erbsen
100 ml Wasser
schwarzer Pfeffer
1 Bund Mangoldblätter, in Streifen geschnitten

Das Öl in einem Topf erhitzen. Frühlingszwiebeln, Paprikapulver, Ingwer und Knoblauch zugeben und anbraten. Sojasauce, Tofu und Erbsen dazugeben. In einer separaten Pfanne Öl erhitzen und den Pfeffer anbraten. Mangoldstreifen und Wasser dazugeben und etwa 30 Sekunden bei geschlossenem Deckel dünsten. Anschließend den Mangold mit der Tofumischung servieren.

Drethug | འབྲས་ཐུག

Reisporridge

200 g Reis
1 1/2 l Fleischbrühe
250 g Hackfleisch
50 g getrockneter Käse [Churkam]
[s. Grundrezepte S. 127]
Salz und Pfeffer zum Abschmecken

Den gewaschenen Reis in die Fleischbrühe geben und 45-60 Minuten kochen, bis ein Brei entsteht. Nach 30 Minuten kann man das Hackfleisch zugeben. Nach 60 Minuten den Käse zugeben und weitere 15-20 Minuten kochen lassen. Mit Salz und Pfeffer abschmecken.

❀   ❀   ❀   ❀   ❀   ❀   ❀   ❀   ❀   ❀   ❀

Tipp: Man kann den Käse weglassen oder das Porridge mit Milch verfeinern.

❀   ❀   ❀   ❀   ❀   ❀   ❀   ❀   ❀   ❀   ❀

Drothug | ﾄﾞﾛﾄﾞﾌﾞﾟ

Weizengrießporridge

Den Weizengrieß in die Fleischbrühe geben und 45-60 Minuten kochen, bis ein Brei entsteht. Nach 30 Minuten kann man das Hackfleisch zugeben. Nach 60 Minuten den Käse zugeben und weitere 15-20 Minuten kochen lassen. Mit Salz und Pfeffer abschmecken.

✄ ✄ ✄ ✄ ✄ ✄ ✄ ✄ ✄ ✄

Tipp: Man kann den Käse weglassen oder das Porridge mit Milch verfeinern.

✄ ✄ ✄ ✄ ✄ ✄ ✄ ✄ ✄ ✄

200 g Weizengrieß
1 1/2 l Fleischbrühe
250 g Hackfleisch
50 g getrockneter Käse [Churkam]
[s. Grundrezepte S. 127]
Salz und Pfeffer zum Abschmecken

Tsamthug | ﾂﾞｱﾑﾄﾞﾌﾞﾟ

Gerstenporridge

Frühlingszwiebeln, Ingwer und Knoblauchzehen in der Fleischbrühe kochen, durch ein Sieb abgießen und die Brühe auffangen. Tsampa mit einem Schneebesen in die Brühe einrühren, bis eine feste Masse entsteht. Mit Salz und Pfeffer abschmecken.

3 kleine Frühlingszwiebeln
1 cm Ingwer, gehackt
4 Knoblauchzehen, gehackt [nach Belieben]
1 1/2 l Fleischbrühe
200 g Tsampa
Salz und Pfeffer nach Belieben

Fleischspeisen

Es gibt kaum Vegetarier in Tibet, abgesehen von einer relativ kleinen Zahl streng religiöser Männer und Frauen. Im Allgemeinen handelt es sich um Einsiedler, die das buddhistische Gesetz, das verbietet, Tiere zu töten, streng befolgen. Aber auch einige wenige Laien (Männer oder Frauen) leben von Kar Tcheu (weißen, das heißt reinen Nahrungsmitteln). Ihre Diät besteht aus Milch, Butter, Käse, sämtlichen Getreidespeisen aus Korn oder Mehl und aus Gemüse und Früchten. Ihren Fleischgenuss versuchen die restlichen Tibetaner indessen in keiner Weise zu entschuldigen. »Es ist uns verboten zu töten«, erklären sie. »Wenn man Fleisch essen will, muss man die Tiere töten. Wir machen uns also schuldig, wenn wir sie essen.« Aber dieses Schuldgefühl scheint ihnen nicht allzu große Sorge zu bereiten. Wenn sie dazu die entsprechenden Mittel haben, sind sie nämlich außerordentlich tüchtige Fleischesser.

Alexandra David-Néel

Buddhismus und Fleischgenuss

Viele meinen, dass der Buddhismus seinen Anhängern das Essen von Fleisch verbietet, weil ja auch das Töten von Lebewesen aller Art als verwerflich gilt und schlechtes Karma für den Praktizierenden hervorruft.

So gehört Fleisch neben Alkohol, Zwiebeln und Knoblauch zu den »schwarzen Speisen«, die man als Praktizierender generell, vor allen Dingen aber vor bestimmten tantrischen Initiationen vermeiden sollte. Tatsächlich essen jedoch viele tibetische Buddhisten Fleisch, selbst der Dalai Lama genießt es - wenn auch selten. Wie ist das miteinander vereinbar?

Die Tibeter waren von jeher ein Nomadenvolk. Sie lebten immer schon in Zelten und zogen mit ihren Tieren, meist Yaks, Schafen, Ziegen und Hühnern, je nach Witterungsbedingungen und Jahreszeiten von Ort zu Ort. Die Tibeter hatten also keine Möglichkeit, einen geregelten Ackerbau zu betreiben und deshalb war es auch ganz normal, dass die Nahrung dieses Nomadenvolkes hauptsächlich aus Fleisch und Tierprodukten wie Milch und Eiern sowie gesammelten Pflanzen und Früchten aus natürlicher Umgebung bestand.

Durch die oft extrem tiefen Wintertemperaturen im Himalaya - bis zu -40° C - war es für die Tibeter wichtig, eine reichhaltige und vor allem wärmespendende Nahrung zu sich zu nehmen, die bei proteinhaltiger Ernährung mehr und besser gegeben ist als bei einer eher kohlenhydratreichen Nahrung. Auch der berühmt-berüchtigte tibetische Buttertee ist auf dieses Phänomen zurückzuführen, denn er ist eher als eine Art fettreiche Bouillon zu verstehen denn als ein Tee zum Genießen, wie wir ihn kennen. Diese Gegebenheiten des ehemaligen Nomadenvolkes brachten es mit sich, dass es bis heute viel Fleisch in der tibetischen Küche gibt.

Bevor der Buddhismus im 8. Jahrhundert als Staatsreligion in Tibet eingeführt wurde, waren die Nomaden Anhänger der Bön-Religi-

Buddhistische Zeremonie unter freiem Himmel

on, einer Naturreligion mit vielen schamanischen Zügen, in der auch das Opfern von Tieren üblich war.

Im Buddhismus ist das Töten von Tieren jedoch ausdrücklich nicht erlaubt. Deshalb haben die Tibeter Schlachter, die diese »schmutzige Arbeit« übernehmen, und diese Menschen gelten auch als unrein. Häufig sind es Muslime, die diese unbeliebte Arbeit übernehmen, da es im Islam keine Sünde darstellt, ein Tier zu töten. Für den Buddhisten besteht somit keine Gefahr für schlechtes Karma, denn er hat das Tier ja schließlich nicht selbst getötet.

Weiterhin verbieten die Regeln des Buddhismus, dass das Tier im Auftrag für eine bestimmte Person geschlachtet wird. Unbedenklich ist es hingegen, ein bereits geschlachtetes Tier auf dem Markt zu kaufen, da es weder durch eigene Hand getötet wurde noch explizit für den einzelnen Käufer. Damit ist für den Buddhisten der Fleischgenuss ohne schlechtes Karma möglich. Buddhistische Lehrer erwähnen oft, dass man, wenn man schon Fleisch essen muss, wenigstens darauf achtet, dass nicht zu viele Tiere ihr Leben lassen müssen. So ist ein Brötchen mit Shrimps wesentlich schlimmer als ein Steak, da für das Brötchen viele Wesen sterben mussten und man davon nicht wirklich satt wird, wohingegen ein einziges geschlachtetes Rind viele sättigt.

Natürlich ist das alles für unser Verständnis sehr um die Ecke gedacht und viele Buddhisten enthalten sich des Fleischgenusses daher vollständig.

Ist man aber unter irgendwelchen Umständen trotzdem gezwungen, Fleisch zu essen, sollte man tiefes Mitgefühl für das Tier entwickeln, Mantras, Gebete und die Namen der verschiedenen Buddhas rezitieren und auf das Fleisch blasen. Gleichzeitig wünscht man dem Tier eine gute Wiedergeburt, Glück und Segen.

Eine besondere Rolle spielt das Fleisch im Rahmen bestimmter buddhistischer Rituale. So gibt es im tantrischen Buddhismus, der von vielen Tibetern praktiziert wird, so genannte Tsog-Pujas. Unter einer Puja versteht man eine Andacht, ein buddhistisches Meditationsritual. Als Tsog bezeichnet man Nahrung, die während des Rezitierens gesegnet und den Buddhas und anderen heiligen Wesen als Opfer dargebracht und später den Teilnehmern gereicht wird. Im Rahmen der rituellen Meditation werden Getränke - auch Alkohol - zu heiligem Nektar und die feste Nahrung zu heiligen Speisen. Der Meditierende erkennt die Reinheit aller Phänomene. Die ansonsten unreinen Speisen werden in ihrer spirituellen Qualität verwandelt und daher nicht mehr als Fleisch oder Alkohol betrachtet.

Der Yak

Der Yak ist in Tibet, der Mongolei, Nepal, Bhutan und Indien beheimatet. Er hat geschwungene Hörner und ein langes, schwarzes Fell und zählt zu den mit dem Auerochsen verwandten Wildrindern. Von etwa 15 Millionen Yaks leben etwa 85% in Tibet, China und der Mongolei. Die restlichen verteilen sich auf Indien, Bhutan, Nepal und Kirgisistan. Im tibetischen Hochland (5.000 bis 6.000 Meter) sind außerdem etwa 50.000 wildlebende Yaks, die dort unter strengem Naturschutz stehen.

Der Yak ermöglicht den Menschen in Zentralasien die Besiedlung des kargen tibetischen Hochlandes. Er ist vielseitig nutzbar: als Milch-, Fleisch-, Woll-, Leder- und Energielieferant, aber auch als Arbeitskraft. Das Leben der Nomaden wäre ohne Yaks undenkbar.

Den Yak nennt man auch Grunzochse wegen seines Grunzens. Bereits in der Jungsteinzeit soll er gemäß Überlieferungen und Felsenzeichnungen in Tibet domestiziert worden sein.

Nomadenfamilie auf Wanderschaft mit ihren Yaks

Die Yaks begnügen sich mit einer sehr spärlichen Vegetation und sind an die extremen Höhenlagen Tibets angepasst. Die Vegetation in Tibet wächst lediglich vier bis fünf Monate im Jahr. In der restlichen Zeit existiert nur eine absterbende Pflanzendecke. Da es im Winter nur wenig Nahrung gibt, verlieren die Yaks im Winter bis zu 25% ihres Gewichts. Die Yaks sind sehr geschickte Tiere. Sie bewegen sich sicher in den Bergen und können Steigungen von bis zu 75% leicht überwinden.

Das Wirtschaftspotenzial der Yaks ist vielfältig. Die Milchproduktion im ergiebigsten Zeitraum zwischen Juni und August erreicht maximal 4 Liter pro Tier. Eigentlich ist der Begriff Yakmilch falsch, denn mit Yak bezeichnet man nur die männlichen Tiere. Die weiblichen dagegen heißen Dri. Manche Tibeter lachen daher, wenn wir von Yakbutter sprechen, das wäre so, wie wenn wir von Bullenmilch sprächen.

Das Wort Yak ist eigentlich der Gattungsbegriff. Ein wildlebendes Männchen und Haustiere werden als Dong bezeichnet, die weiblichen Kühe nennt man Dri. Kreuzt man Dongs mit behaarten Kühen oder umgekehrt, so entstehen Dzos (Männchen) oder Dzomos (Weibchen), die sich wiederum untereinander vermehren.

Einen Monat nach dem Abkalben setzt sich die Milch aus 83,5% Wasser und 16,5% Trockensubstanzen (5% Proteine, 6% Fett, 4,8% Zucker) zusammen. Für die Erzeugung von 1 kg Dributter werden rund 13 Liter Milch benötigt.

Der tibetische Yak wiegt zwischen 350 und 450 kg (das weibliche Dri wiegt zwischen 250 und 350 kg). Das Yakfleisch hat einen besonders hohen Protein- (20-25%) und Vitamingehalt. Infolge seiner Zusammensetzung behält getrocknetes Yakfleisch über Jahre seinen Nährwert. Die Bergnomaden Zentralasiens ernähren sich zu über 90% nur von Yakfleisch, Milch und Milchprodukten. Das Yakfleisch wird oft in Form von Trockenfleisch gegessen.

Das mehrschichtige Wollkleid (Deckhaar, Übergangshaar und das feine spinnfähige Unterhaar) wird einmal jährlich zwischen Mai und Juni geschoren, bevor sich das Winterfell in großen Stücken löst. Aus dem seidigen Vlies machen die Tibeter Wolldecken oder Strickbekleidung, aus den Grannenhaaren Stricke, Leinen, Filzstiefel oder Zelte. Die bis zu 40 Zentimeter langen Bauchhaare des Yaks werden verwendet, um die landesüblichen Tschupas herzustellen. Das sind mantelartige Überwürfe, die gewebt und genäht werden.

Der Kot der Yaks wird meist von den Kindern gesammelt und getrocknet. Er dient als Brennmaterial, da in den Bergen durch die geringe Vegetation anderes Brennmaterial fehlt. Der Yak ist auch ein Arbeitstier: Er kann Lasten bis zu 150 kg (Yakbullen) über Wochen mit einer Tagesleistung von 20-30 Kilometern transportieren.

Shamde | ཤ་འབྲས

Tibetisches Curry

Die Glasnudeln nach Packungsbeilage zubereiten und zur Seite stellen. Kartoffeln schälen und in Würfel schneiden. Fleisch bzw. Tofu ebenfalls klein schneiden. Das Öl in einem Topf stark erhitzen, Knoblauch, Ingwer und Zwiebeln anbraten. Gleichzeitig den Reis kochen. Nach ca. 1 Minute Kurkuma, Chilipulver und Garam Masala im Topf unterrühren. Dann Fleisch und Kartoffeln zugeben. Das Wasser dazu und das Ganze 20-30 Minuten köcheln lassen, bis Fleisch und Kartoffeln gar sind. Die Tomaten zugeben. Die Glasnudeln in kleine Stücke schneiden und zufügen. 3-4 Minuten weiter köcheln lassen. Mit Salz abschmecken und heiß mit Reis servieren.

150 g Glasnudeln
2 große Kartoffeln
300 g Lamm- oder Rindfleisch oder fester Tofu
etwas Öl
2-3 Knoblauchzehen, gehackt
1 cm Ingwer, gehackt
1 große Zwiebel, gehackt
250 g Reis
1 1/2 TL gemahlenes Kurkuma
1/2 TL Chilipulver
1-2 TL Garam Masala
1/2 l Wasser
2 Fleischtomaten, evtl. zusätzlich Tomatenmark
Salz und Pfeffer zum Abschmecken

Kongpo Shaptak

ཀོང་པོ་ཤ་ཀྲག

Gebratenes Fleisch aus der Kongpo-Region

500 g Rindfleisch
Öl
1/2 TL Sechuanpfeffer, gemahlen
1 große Zwiebel, gehackt
3 Knoblauchzehen, gehackt
1 cm Ingwer, gehackt
2 Tomaten, gehackt
2 EL Churu (Blauschimmelkäse), zerbröselt
Wasser
2 Chilischoten, in Streifen geschnitten
Reis oder tibetisches Brot

Das Fleisch in dünne Scheiben schneiden. Öl stark erhitzen, die gehackte Zwiebel zusammen mit dem Knoblauch, Ingwer und dem Sechuanpfeffer scharf anbraten. Fleisch zugeben und unter ständigem Rühren durchbraten. Tomaten und Käse zugeben und warten, bis der Käse geschmolzen ist. Wasser und Chilis einrühren und einige Minuten kochen lassen. Nach Wunsch mit Reis oder tibetischem Brot servieren.

꘤ ꘤ ꘤ ꘤ ꘤ ꘤ ꘤ ꘤ ꘤ ꘤ ꘤

Tipp: Der Blauschimmelkäse sollte mindestens 55% Fett haben, damit er gut schmilzt. Man kann Churu auch durch Roquefort oder Gorgonzola ersetzen. Dann ggf. Menge variieren.

꘤ ꘤ ꘤ ꘤ ꘤ ꘤ ꘤ ꘤ ꘤ ꘤ ꘤

Langsha Shamo Tshö

གླང་ཤ་ཤ་མོ་ཚོད

Rindfleisch-Pilz-Curry aus Bhutan

100 g Butter • 500 g Rindernacken oder -schulter, in mundgerechte Würfel geschnitten • 1 große Zwiebel, gehackt • 120 ml Wasser • 1 TL Salz • 1 Knoblauchzehe, gehackt • 2 cm Ingwer, gehackt • 2 mittelgroße grüne Chilischoten, entkernt und in feine Streifen geschnitten • 70 g Austernpilze ohne Stiel • schwarzer Pfeffer, gemahlen

Die Butter in einem Topf erhitzen. Fleisch, Zwiebel, Wasser und Salz zugeben und bei geringer Hitze ca. 2 Stunden köcheln lassen. Knoblauch, Ingwer und restliche Zutaten zugeben und kochen, bis die Pilze gar sind. Mit schwarzem Pfeffer abschmecken.

Sha Dang Thugpa Ngopa | ཤ་དང་ཐུག་པ་རྔོས་པ

Frittierte Nudeln mit Fleisch

(In China nennt man dieses Gericht Chow-Chow)

Die Nudeln in Salzwasser kochen, dann aus dem Wasser nehmen und die Hälfte der Butter dazugeben. Gut verrühren, sodass die Nudeln nicht kleben. Das Öl erhitzen, Zwiebel, Ingwer und Knoblauch unter Rühren in der Pfanne erhitzen, bis sie braun werden. Das Fleisch dazugeben, mit Sojasauce und Salz würzen. 10-15 Minuten anbraten. Danach die Tomaten zugeben, alles verrühren und zur Seite stellen.
In einer Röstpfanne die restliche Butter mit der roten Zwiebel erhitzen und die Nudeln anbraten, bis sie knusprig sind (nur wenig umrühren). Zum Servieren das gebratene Fleisch auf die Nudeln geben.

Antiker Topf und Pfanne aus Stein

250 g chinesische Mi-Nudeln
1 TL Salz
50 g Butter
2 EL Öl
1 Zwiebel, gehackt
1 cm Ingwer, gehackt
2-3 Knoblauchzehen, gehackt
250 g Rind-, Lamm- oder anderes Fleisch, in Stücke geschnitten
2 TL Sojasauce
2 Tomaten, in Stücke geschnitten
1 rote Zwiebel, gehackt
Salz

Phing | ཕིང་

Glasnudeln mit Fleisch und Gemüse

Die Glasnudeln nach Packungsbeilage zubereiten. Die Kartoffeln kochen und anschließend in Stücke schneiden. Zwiebeln, Knoblauch und Ingwer in einem Topf mit Öl anbraten. Das Fleisch in mundgerechte Stücke schneiden, zugeben und mit anbraten. Tomate und Kartoffeln zugeben und 2-3 Minuten köcheln lassen. Pilze und etwas Wasser zugeben und weitere 2-3 Minuten kochen lassen. Währenddessen die Nudeln abtropfen lassen und in kleine Stücke schneiden, dazugeben und weitere 2-3 Minuten mitköcheln. Mit Salz und Pfeffer abschmecken.

2 Päckchen Glasnudeln
2 Kartoffeln
Öl zum Anbraten
1-2 Zwiebeln, gehackt
4 Knoblauchzehen, gehackt
1 cm Ingwer, gehackt
400 g Rind- oder Lammfleisch
1 große Tomate, gehackt
150 g Austernpilze oder Shitakepilze, in kleine Stücke geschnitten
50 ml Wasser oder Gemüsebrühe
Salz und Pfeffer zum Abschmecken

Shadril | ༼འ་རིལ༽

Fleischbällchencurry

In Tibet gibt es viele verschiedene Pilzsorten. Sie werden gesammelt und getrocknet, sodass man sie in jeder Jahreszeit verwenden kann. Man kann in diesem Gericht alle möglichen Pilzsorten verwenden.

Das Fleisch mit etwas Salz in kleine Fleischbällchen formen. Das Öl in einer beschichteten Pfanne erhitzen und darin die Bockshornklee-samen anbräunen. Zwiebel zugeben und anbräunen. Dann die Fleischbällchen zugeben und vorsichtig rühren. Alle weiteren Gewürze ebenfalls hinzufügen und 5 Minuten bei geringer Hitze kochen. Jetzt Pilze und Rettich unterrühren und etwa 10 Minuten kochen, bis der Rettich gar ist. Anschließend saure Sahne zugeben und un-terrühren. Vor dem Servieren mit der Frühlingszwiebel garnieren.

1 kg mageres Rinder- oder Lammhack
etwas Salz
4 TL Öl
1/4 TL Bockshornkleesamen
1 Zwiebel, gehackt
3 Knoblauchzehen, gehackt
1/4 TL Kurkuma
2 TL Sojasauce
100 g Austernpilze oder Shitakepilze, in dünne Streifen geschnitten
75 g Rettich, in dünne Scheiben geschnitten
125 g saure Sahne
1 Frühlingszwiebel, gehackt zum Garnieren

Shadra Khatsa

༼འ་ཁྲག་ཁ་ཚ༽

Gegrilltes Fleisch mit Sauce

Das Fleisch in lange Streifen schneiden (ca. 1,5 Zentimeter breit). Die Streifen auf einem Rost grillen und anschließend in schmalere Stücke schneiden (ca. 3 Zentimeter lang). Tomate, Chilipulver, Knoblauch, Schalotte, Kurkuma, Ingwer und 2 EL Öl in einen Mixer geben und pürieren. Das restliche Öl erhitzen und darin den Schnittlauch anrös-ten. Die Mischung in die Pfanne geben und braten. Dann das Fleisch dazugeben und gut unterrühren. Vor dem Servieren mit Koriander garnieren.

1,5 kg mageres Rindfleisch
1 große Tomate, gehackt
2 TL Chilipulver
3 Knoblauchzehen, gehackt
1 Schalotte, gehackt
1/2 TL Kurkuma
1/2 cm Ingwer, gehackt
2 1/2 EL Öl
1/2 TL Schnittlauch, getrocknet
frischer Koriander zum Garnieren

Kung Laphug Ngopa

གུང་ལ་ཕུག་རྔོད་པ

Gebratene Karotten

Das Öl in einem Wok erhitzen. Zwiebel, Knoblauch, Karotten und das Fleisch anbraten und garen. Die gehackte Tomate dazugeben und kurz anbraten. Mit der Gemüsebrühe ablöschen. Mit Salz, Chilipulver und Sojasauce abschmecken und mit Koriander garnieren.

Kung Laphug Ngopa – Gebratene Karotten

Öl zum Anbraten • 1 große Zwiebel, gehackt • 3 Knoblauchzehen, gehackt • 5 große Karotten, in lange dünne Streifen geschnitten • 250 g Fleisch [Rind oder Lamm], in kleine Stücke geschnitten • 1 große Tomate, gehackt, evtl. zusätzlich Tomatenmark • ca. 100 ml Gemüsebrühe zum Ablöschen • Salz und Chilipulver zum Abschmecken • 1-2 EL Sojasauce • Koriander, gehackt zum Garnieren

Lug Go | ལུག་མགོ

Gekochter Schafskopf

Der Schafskopf spielte als Opfergabe an Neujahr bereits in der Bön-Religion eine große Rolle. Die Buddhisten haben diese Tradition übernommen und benutzen im rituellen Kontext jedoch nur noch aus Teig modellierte Schafsköpfe am Neujahrsfest. Als typisches Gericht zu Neujahr hat sich der Schafskopf allerdings erhalten.

Den Schafskopf vom Metzger präparieren lassen. Ansonsten Haare über einer offenen Flamme gründlich abflammen und übrig gebliebene Haare mit dem Messer abschaben.
Den Schafskopf in große Stücke hacken (vom Metzger vorbereiten lassen). Alle Zutaten zusammen in einen großen Topf geben und ca. 45 Minuten bei mittlerer Hitze kochen lassen. Nach Belieben zusätzlich Gemüse mitkochen. Ist der Kopf ganz, dauert es entsprechend länger, bis das Fleisch gar ist.

1 Schafskopf
2 große Schalotten, gehackt
2 Knoblauchzehen, gehackt
1 l Wasser
1 TL schwarzer Pfeffer
1/2 TL roter Pfeffer
1/2 TL Kurkuma
Salz zum Abschmecken

Lugsha Shamde – Lammcurry

Für die Marinade: 150 g Joghurt · 1 EL Paprika ·
1 1/2 TL Currypulver · 1 EL Sojasauce ·
2 Knoblauchzehen, gehackt · 1/2 cm Ingwer,
gehackt

Für das Lammcurry: 500 g Lammfleisch · Öl
zum Anbraten · 3 große Zwiebeln, gehackt ·
1 Zimtstange · 1 Sternanis · 5 Gewürznelken ·
2-3 Lorbeerblätter · 4 Tomaten, geviertelt ·
3 Kartoffeln · Salz und Pfeffer

1 komplette Schafs- oder Ziegenlunge (gereinigt,
vom Metzger) mit Luftröhre · 160 g Weizenmehl
· 5 Eigelbe · 3 Knoblauchzehen, gehackt ·
2 TL Kumin, gemahlen · 1/4 TL Kurkuma ·
1/2 TL Muskat · 500 ml Wasser · 4 TL Öl ·
Salz und Pfeffer zum Abschmecken

Lugsha Shamde

ལུག་ཤ་ཤ་འབྲས

Lammcurry

Alle Zutaten der Marinade mischen. Das Lammfleisch in ca. 3 Zentimeter große Würfel schneiden und für 8 Stunden (über Nacht im
Kühlschrank) in die Marinade einlegen. Öl in einem Topf erhitzen,
Zwiebeln zugeben und anschwitzen. Zimtstange, Sternanis, Nelken
und Lorbeerblätter zugeben und mit anbraten. Wenn die Zwiebeln
braun sind, das Fleisch zusammen mit der Marinade zugeben, aufkochen lassen und anschließend die Tomaten zugeben. Dann 40-45 Minuten köcheln lassen. Eventuell etwas Wasser zugeben.
Währenddessen die Kartoffeln kochen, vierteln und kurz vor dem Servieren unter das Curry mischen. Mit Salz und Pfeffer abschmecken.

※　※　※　※　※　※　※　※　※　※　※

Info: Die spezielle Mischung von Joghurt mit diesen Gewürzen der Marinade wurde von muslimischen Händlern in Tibet eingeführt.

※　※　※　※　※　※　※　※　※　※　※

Lowa | བློ་བ

Gefüllte Lunge

Die Lunge aufblasen und oben zubinden. In Wasser tauchen, um zu
überprüfen, ob sie luftdicht ist. Mehl, Eigelbe und Gewürze in eine
Schüssel geben und mit dem Wasser verrühren. Daraus wird ein sehr
dünner Teig. Die Lunge bis zur Luftröhre mit Hilfe einer Tülle füllen.
In die Luftröhre blasen, damit sich der Teig gut verteilt. Anschließend
weiter füllen, bis die Lunge gut gefüllt ist. Jetzt die Luftröhre nach hin-
ten biegen und mit einer Schnur festbinden, sodass nichts von der Füllung austreten kann. Dann in einem großen Topf Wasser erhitzen und
die gefüllte Lunge 25-30 Minuten kochen. Anschließend die Lunge in
Scheiben schneiden und in Öl mit etwas Salz und Pfeffer anbraten.

Phasha Pa aus Bhutan

Das Ghee erhitzen. Schweinefleisch, Zwiebel, Rettich, Wasser und Chilis zugeben und ca. 1 Stunde kochen, bis das Fleisch gar ist. Währenddessen den Chinakohl in kochendem Wasser blanchieren und abtrocknen. Ingwer, das getrocknete Schweinefleisch, Chinakohl dem Fleisch beigeben und 8-10 Minuten köcheln lassen. Mit Salz und Cayennepfeffer abschmecken.

50 g Ghee
500 g Schweineschulter, in lange, dünne Streifen geschnitten
1 große Zwiebel, gehackt
150 g weißer Rettich, halbiert und in mundgerechte Stücke geschnitten
100 ml Wasser oder Gemüsebrühe
2 grüne Chilischoten, frisch, entkernt und in lange dünne Streifen geschnitten
1 kg Chinakohl, in ca. 1 cm breite Streifen geschnitten
1 cm Ingwer, gehackt
150 g getrocknetes Schweinefleisch, in Streifen geschnitten (ca. 7 x 1 cm)
Salz und Cayennepfeffer zum Abschmecken

Phasha Phing | ཕག་ཤ་ཕིང་

Schweinefleisch mit Glasnudeln aus Bhutan

Die Glasnudeln nach Packungsanweisung zubereiten. Abtropfen lassen und in 10-15 Zentimeter lange Stücke schneiden. Butter in einer Pfanne erhitzen. Zwiebel und Schweinefleisch für 2-3 Minuten darin anbraten. Die Tomaten zugeben und 1 Minute unter Rühren mit anbraten, dann mit Wasser auffüllen. Bei geringer Hitze 1-1 1/2 Stunden köcheln lassen. Kurz vor dem Servieren Glasnudeln und Chilischoten zugeben. Mit Salz und Pfeffer abschmecken und noch einige Minuten ziehen lassen.

50 g Glasnudeln
100 g Butter
1 große Zwiebel, gehackt
700 g Schweineschulter, ohne Knochen, in Würfel geschnitten
2 Tomaten, gehackt
100 ml Wasser
3-4 grüne Chilischoten, frisch, entkernt und in Streifen geschnitten
Salz und schwarzer Pfeffer zum Abschmecken

Kewa Phagsha

Schweinefleisch mit Kartoffeln aus Bhutan

3-4 große Kartoffeln
500 g Schweinefleisch
650 ml Gemüsebrühe
5 grüne Chilischoten, frisch, entkernt und in
dünne Streifen geschnitten
2 Zwiebeln, gehackt
5 Knoblauchzehen, gehackt
1,5 cm Ingwer, gehackt
1-2 EL Sojasauce
Salz und Pfeffer zum Abschmecken
Koriander oder Frühlingszwiebeln
zum Garnieren

Die Kartoffeln schälen und in Stifte (wie Pommes frites) schneiden. Das Schweinefleisch in mundgerechte Stücke schneiden.
Die Gemüsebrühe zum Kochen bringen, Fleischwürfel zugeben und 15-20 Minuten köcheln lassen, bis das Fleisch gar ist. Chilis, Kartoffeln und Zwiebeln zugeben. 5-6 Minuten köcheln lassen, dann restliche Zutaten zugeben und weitere 5 Minuten köcheln lassen.
Mit Salz und Pfeffer abschmecken, mit Koriander oder Frühlingszwiebeln garnieren.

Kangchu Maroo Tshö

Schweinefüßchen-Curry aus Bhutan

1 kg Schweinefüßchen
Öl zum Anbraten
500 g Frühlingszwiebeln, gehackt
1 cm Ingwer, gehackt
4 Knoblauchzehen, gehackt
Salz zum Abschmecken
5-6 rote Chilischoten oder Chilipulver

Die Schweinefüßchen in kleine Stücke hacken. In einer Pfanne das Öl erhitzen und sie darin anbraten. Mit etwas Wasser ablöschen und weiterkochen, bis die Schweinefüßchen gar sind. Frühlingszwiebeln, Ingwer und Knoblauch zugeben und weitere 10 Minuten köcheln lassen. Mit Salz und Chili abschmecken.

Phagsha Laphug Tshö

Schweinefleisch-Rettich-Curry

Die Gemüsebrühe in einem Topf zum Kochen bringen. Fleisch, Ingwer und Knoblauch dazugeben und 5-6 Minuten mitkochen. Dann Rettichstücke zugeben und weiter kochen, bis alles gar ist.
Mit Salz und Chilipulver abschmecken und mit Koriander oder Frühlingszwiebeln garnieren.

1,5 l Gemüsebrühe
500 g Schweinefleisch, in Stücke geschnitten
2 cm Ingwer, gehackt
4 Knoblauchzehen, gehackt
1 großer Rettich, in Stücke geschnitten
Salz und Chilipulver zum Abschmecken
Koriander oder Frühlingszwiebeln zum Garnieren

Mar Jasha | མར་བྱ་ཤ

Butterhähnchen aus Bhutan

Alle Zutaten der Marinade untereinander mischen, das Hähnchen damit bestreichen und 1 Stunde ziehen lassen.
Das Öl in einem Topf erhitzen und das marinierte Hähnchen 10 Minuten anbraten. Hähnchen herausnehmen und zur Seite stellen.
In das verbliebene Öl Zwiebeln, Ingwer und Knoblauch geben und anbraten, mit Wasser ablöschen. Jetzt die Erdnussbutter, Chilipulver und Tomatenpüree zugeben und 10 Minuten kochen.
In der Zwischenzeit das Hähnchen tranchieren und in kleine Stücke schneiden. Butter, Sahne und das Hähnchen in den Topf geben. Alles gut mischen und noch etwas kochen lassen, bis das Hähnchen gar ist.
Mit Koriander und Frühlingszwiebeln garnieren.

Für die Marinade: 1 EL Tandoori Masala • 1 TL Garam Masala • 2 EL Zitronen- oder Limonensaft • 1/2 TL Kumin • 100 g Joghurt • Salz

Für das Butterhähnchen: 1 ganzes Hähnchen, halbiert • Öl zum Anbraten • 2 Zwiebeln, gehackt • 3 Knoblauchzehen, gehackt • 1/2 cm Ingwer, gehackt • Erdnussbutter • 1 TL Chilipulver • 2 Tomaten, im Mixer püriert • 50 g Butter • 50 g Sahne • Koriander und Frühlingszwiebeln zum Garnieren

Jasha Tshö

Hähnchencurry aus Bhutan

Öl zum Anbraten
2 Zwiebeln, gehackt
4 Knoblauchzehen, gehackt
2 cm Ingwer, gehackt
500 g Hähnchenfleisch, in kleine Stücke
geschnitten
1/2 TL Koriander, gemahlen
1/2 TL Kurkuma
1 TL Garam Masala
Hühnerbrühe zum Ablöschen
1-2 TL Sojasauce
Salz und Pfeffer zum Abschmecken
Frühlingszwiebeln zum Garnieren

Das Öl in einer Pfanne erhitzen, Zwiebeln, Knoblauch und Ingwer darin anbraten. Das Hähnchenfleisch zugeben und unter Rühren anbraten. Anschließend Koriander, Kurkuma und Garam Masala zugeben und mit anschwitzen.
Mit der Hühnerbrühe ablöschen und kochen, bis das Hähnchen gar ist.
Mit Sojasauce, Salz und Pfeffer abschmecken und mit Frühlingszwiebeln garnieren.

Jasha Shamde

ཇ་ཤ་ཤ་འདུས

Hähnchencurry

Für die Marinade: 250 g Joghurt ·
3 Knoblauchzehen, gehackt ·
75 ml Sojasauce · 1 EL Paprika

Für das Hähnchencurry: 1 kg Hähnchenfleisch ·
50 ml Öl · 3 Zwiebeln, gehackt · 1 TL
Currypulver · 1 TL Gewürznelken, ganz ·
4 Knoblauchzehen, gehackt · 1 EL Paprika · 1 TL
Garam Masala · 2 Zimtstangen · 3 Tomaten,
gehackt · 1/2 TL Salz

Alle Zutaten der Marinade mischen. Das Fleisch in ca. 3 Zentimeter große Würfel schneiden und für 8 Stunden (über Nacht im Kühlschrank) in die Marinade einlegen.
Das Öl in einem Topf erhitzen und darin Zwiebeln anbraten. Die Gewürze zugeben und durchrühren Anschließend Tomaten und Salz zugeben und kurz aufkochen lassen. Jetzt das Fleisch zusammen mit der Marinade zugeben und einmal aufkochen lassen. Ca. 45 Minuten bei niedriger Hitze köcheln lassen.

Jasha Ngopa | རྒྱ་ཤ་ངོས་པ

Hähnchenpfanne

Das Hähnchen in Wasser garen, dann in kleine Stücke zerlegen. Das Öl in einer Pfanne erhitzen, Zwiebel, Knoblauch und Ingwer darin anbraten. Hähnchenstücke dazugeben und mit Sojasauce, Salz und Chili abschmecken und unter Rühren nochmals anbraten.
Dazu kann man tibetisches Brot oder Reis reichen.

1 Hähnchen
Öl zum Anbraten
1 Zwiebel, gehackt
4 Knoblauchzehen, gehackt
2 cm Ingwer, gehackt
1 EL Sojasauce
Salz und Chili nach Belieben

Jasha Maroo

Hähnchentopf aus Bhutan

Das Hähnchen zerlegen und das Fleisch in sehr kleine Stücke schneiden.
Das Öl in einem Topf erhitzen, Knoblauch, Ingwer und Zwiebel darin 1-2 Minuten anbraten. Das Fleisch zugeben und kurz mit anbraten. Tomaten und Chilistreifen zugeben. Mit der Gemüsebrühe ablöschen und 15-20 Minuten köcheln lassen. Eventuell etwas Gemüsebrühe nachgießen, da das Ganze eine etwas flüssige Konsistenz haben soll.
Mit Salz und Pfeffer abschmecken und mit Koriander und Frühlingszwiebeln garnieren.

1 Hähnchen
2 EL Öl
3-4 Knoblauchzehen, gehackt
1 cm Ingwer, gehackt
1 große Zwiebel, gehackt
2 Tomaten, gehackt, evtl. zusätzlich Tomatenmark
4 grüne Chilischoten, frisch, in feine Streifen geschnitten
Gemüsebrühe zum Ablöschen
Salz und Pfeffer zum Abschmecken
Koriander und Frühlingszwiebeln zum Garnieren

Der Fisch

Viele Tibetaner haben einen solchen Abscheu vor Fisch, dass sie manchmal die Leichname, statt sie zu verbrennen oder den Geiern zu überlassen, in die Flüsse werfen, wo sie von den Fischen aufgefressen werden sollen. Aber dieser Brauch ist im Schwinden begriffen: In den Grenzgebieten haben sich die Tibetaner von ihrer Abneigung weitgehend befreit, sie essen sogar gerne Fisch.

Alexandra David-Néel

Der Fisch spielte bereits in der vorbuddhistischen Bön-Religion eine besondere Rolle. Er wurde in Verbindung mit dem Gott der Flüsse gebracht. Dies mag einer der Gründe sein, warum der Abscheu vor Fisch bei den Tibetern so tief verwurzelt ist. Ein anderer Grund findet sich im tibetischen Buddhismus, der empfiehlt, so wenig Tiere wie möglich zu töten. Das heißt, dass kleine Tiere wie Fisch oder Geflügel weniger Menschen satt machen als große. Daher werden diese Tiere eher gemieden.

Nyasha Ngopa

ཉ་འཆོད་པ

Gebratener Fisch

4 Fischfilets (zum Beispiel Zander oder Rotbarsch)
Öl zum Anbraten
5 Knoblauchzehen, gehackt
2 cm Ingwer, gehackt
2 große Zwiebeln, gehackt
3 Tomaten, gehackt
2 EL Sojasauce
Salz und Chilipulver nach Belieben
Saft einer halben Zitrone
Frühlingszwiebeln zum Garnieren

Die Fischfilets in Stücke schneiden.
Das Öl in einem Topf erhitzen. Knoblauch, Ingwer und Zwiebeln anbraten. Die Fischstücke mit anbraten. Tomaten zugeben. Anschließend mit Sojasauce, Salz und Chilipulver abschmecken. Vor dem Servieren den Zitronensaft zugeben und mit Frühlingszwiebeln garnieren.

Junger Mönch mit
Schneckentrompete

Brot und Tsampa

Die Tsampa wird manchmal in Holzkisten aufbewahrt, meist aber in Säcken, die es in einer großen Auswahl in Leder und Geweben gibt. Da gibt es solche aus rotem Saffian oder mit Mustern verzierte in kräftigem Blau. Wieder andere aus mehrfarbigem Leinen, mit Arabesken, Quadraten, Rhomben oder einfach mit Streifen verziert, die zum Gewebe einen Kontrast bilden. Es gibt auch ganz kleine Säcke, die mit Gold- oder Silberstoff durchwoben sind und kaum mehr als die Menge Tsampa enthalten, die für eine Mahlzeit gebraucht wird. Im Allgemeinen gehören sie Frauen oder kirchlichen Würdenträgern. Wenn sich diese zwischen den zwei Teilen des morgendlichen Gottesdienstes in den Versammlungshallen einfinden, wird ihnen immer Tee serviert. Nun gießen sie etwas davon über die Tsampa, die sich in ihrem Sack befindet und kneten Tsampa und Tee, bis ein relativ trockener Teig entsteht. meist wird der Teig dann noch zu einem länglichen Kloß geformt: dies ist die so genannte Pa. Mit Ausnahme der Würdenträger sparen sich die sozial hochgestellten Leute jedoch die Mühe, ihre Tsampa selbst weich zu kneten und überlassen dies einem Diener. Im allgemeinen wird die Pa aber statt unmittelbar im Tsampasack in einer Schale zubereitet. Der durchschnittliche Tibetaner verwendet dafür dieselbe Schale, aus der er seinen Tee getrunken hat. Aber diejenigen aus sozial höheren Schichten nehmen eine neue.

Die Zubereitung geschieht folgendermaßen: man schöpft ein paar Handvoll Tsampa aus dem Sack und füllt damit die Schale, in der schon etwas Tee ist. Die Tsampa steigt bis zum Rand und bildet einen kleinen Hügel. Während man die Schale in der linken Hand hält, drückt man den Zeigefinger der rechten Hand leicht in das Mehl und rührt sorgfältig um, und zwar von rechts nach links. Dabei darf nichts über den Rand der Schale verschüttet werden, denn das wäre ein grober Verstoß gegen die kulinarischen Umgangsformen. Selbst die Bettler sind imstande, dies geschickt auszuführen. Wenn das Mehl anfängt, einen Klumpen zu bilden, nimmt man den Mittelfinger zu Hilfe, um es zu bearbeiten. Und wenn es noch fester geworden ist, taucht man auch noch den Ringfinger hinein. Je nach Belieben kann während des Umrührens Butter, pulverisierter Käse und Puderzucker hinzugefügt werden. So erhält man schließlich einen sehr trockenen Teig, den man aus der Schale herausnimmt und mit der rechten Hand zerstößt, bis er die gewohnte längliche Form bekommt. Die Tsampa wird vor allem als Pa gegessen und entspricht in dieser Form etwa unserem Brot, denn ein eigentliches, gebackenes Brot kennen die Tibetaner nicht.

Alexandra David-Néel

꙳ ꙳ ꙳ ꙳ ꙳ ꙳ ꙳ ꙳ ꙳ ꙳ ꙳

Tipp: Pa kann man zusätzlich noch mit Zucker und Frischkäse zubereiten. In dieser Form wird es gerne von den Mönchen und Nonnen gegessen. Das Tsampa wird dabei mit den Zutaten in der Teeschale zu einem Teig geknetet. Davon machen die Tibeter kleine Bällchen, die dann gegessen werden.

꙳ ꙳ ꙳ ꙳ ꙳ ꙳ ꙳ ꙳ ꙳ ꙳ ꙳

Die fünf Getreide

In Tibet werden seit Beginn des Ackerbaus die »Fünf Getreide« besonders geehrt. Es handelt sich hierbei um Weizen, Gerste, Hirse und die Hülsenfrüchte Erbsen und Bohnen, die man in Tibet mit zum Getreide zählt. In anderen Gebieten Tibets werden Gerste, Weizen, Reis, Sesam und Soja als die Fünf Getreide bezeichnet. Sie spielen im religiösen Kontext eine große Rolle, so werden sie zum Beispiel, in kleine Säckchen abgefüllt, zusammen mit anderen heiligen Substanzen wie Reliquien und auf Papier gedruckten Mantras häufig als Weihegabe in Statuen gefüllt, die verschlossen und dann von einem Lama gesegnet werden. Eine so geweihte Statue gilt als belebt und wird mit besonderer Ehrfurcht behandelt.

Logo Momo

ཕོ་བཏོར་ཤོག་ཤོག

Gekochtes Brot

500 g Weizenmehl
1 TL Trockenhefe
1/2 TL Backpulver
170 ml Wasser
1 EL Öl
etwas leicht gesalzenes Wasser

Aus Mehl, Hefe, Backpulver und ca. 170 ml Wasser einen Teig herstellen und zunächst in größere Bälle (wie Brötchen) formen. Dann die Bälle zu Schüsselchen formen, indem man den Teig mit dem Daumen in der Mitte eindrückt.

Öl in einer Pfanne erhitzen. Den geformten Teig mit der Öffnung nach unten in das heiße Öl stellen. Wenn er gebräunt ist, wird Salzwasser dazugegeben, sodass die Momos halb bedeckt sind. Jetzt lässt man sie kochen, bis das Wasser verdunstet ist. Eventuell noch etwas Wasser nachgeben.

Die Logo Momos können zu Gemüse und Fleischgerichten gereicht werden.

Kogyun

Hausbrot

Aus allen Zutaten einen Teig herstellen und gut durchkneten. 45 Minuten an einem warmen Platz gehen lassen.

Jetzt den Teig in 4 gleich Teile zerteilen und in der Hand zu dünnen Fladen formen.

Eine beschichtete Pfanne erhitzen und ohne Fett das Brot jeweils für 1 Minute von beiden Seiten ausbacken.

500 g Mehl
1 TL Trockenhefe
1/2 TL Backpulver
3 EL Zucker nach Belieben
170 ml Wasser

❈   ❈   ❈   ❈   ❈   ❈   ❈   ❈   ❈   ❈   ❈

Tipp: Mit dem Finger testen, ob das Brot gar ist: Kommt der Teig wieder hoch, ist er gar, bleibt eine Mulde, benötigt er noch etwas Zeit.

❈   ❈   ❈   ❈   ❈   ❈   ❈   ❈   ❈   ❈   ❈

Amdo Bale | ཨ་མདོ་བག་ལེབ་

Brot aus Amdo

Aus allen Zutaten bis auf das Öl einen Teig herstellen und 1/2 Stunde an einem warmen Platz gehen lassen.

Einen hohen Topf mit dickem Boden gut einölen. Den Teig ca. 3 Zentimeter dick ausrollen und einen Kreis ausstechen, der genau den Boden des Topfes bedeckt. Dann den Topf erhitzen und den Teig in den Topf legen. 20 Minuten garen lassen. Wenn die Teigoberfläche trocken wird, muss man überprüfen, ob der Boden schon braun ist. Dann dreht man den Teig um und gart ihn erneut für 20 Minuten.

650 g Weizenmehl
2 TL Trockenhefe
1 TL Backpulver
1 Ei nach Belieben
120 g Zucker nach Belieben
350 ml Wasser
Öl

❈   ❈   ❈   ❈   ❈   ❈   ❈   ❈   ❈   ❈   ❈

Info: Angeblich ist Amdo Brot eine Lieblingsspeise des Dalai Lama. Man kann das gekochte Brot auch mit einer Fleischfüllung wie beim Sha Bale [Rezept s. Ngogpa Momos - gebratene Momos] füllen. Dann muss man den Teig allerdings in zwei Teile teilen und das gekochte Fleisch zwischen die beiden Teigscheiben geben, deren Ränder gut zusammengedrückt werden.

❈   ❈   ❈   ❈   ❈   ❈   ❈   ❈   ❈   ❈   ❈

Ting Momo

500 g Mehl
1 TL Trockenhefe
1/2 TL Backpulver
170 ml Wasser
1 EL Butter, geschmolzen

Ting Momo | ཀྱིང་མོག་མོག

Gedämpftes Brot

Aus den Mehl, Hefe, Backpulver und Wasser einen Teig herstellen und gut durchkneten und 45 Minuten an einem warmen Ort gehen lassen. Den Teig sehr flach ausrollen (ca. 4 mm dick).
Den Teig mit geschmolzener Butter bestreichen und aufrollen.
Währenddessen im Wok Wasser erhitzen und den Bambusdampfkocher bereitstellen. Mit einem Messer quer ca. 2,5 Zentimeter breite Stücke von der Teigrolle abschneiden. Die Rollen werden flach in den Bambusdampfkocher gestellt und ca. 10 Minuten gedämpft.

※ ※ ※ ※ ※ ※ ※ ※ ※ ※ ※ ※

Tipp: Wer möchte, kann das gedämpfte Brot mit Zucker und/oder Zimt versehen, dann wird es zur Süßspeise, oder Knoblauch in den Teig geben, dann wird es pikant. Beides ist allerdings nicht traditionell.

※ ※ ※ ※ ※ ※ ※ ※ ※ ※ ※ ※

300 g Mehl
1 TL Backpulver
4 EL Zucker nach Belieben
350 ml Wasser oder Milch
Öl

Ghyabra

Tibetische Pfannkuchen

Alle Zutaten bis auf das Öl in einer Schüssel mischen und über Nacht stehen lassen. Eine Pfanne mit Öl ausreiben und nicht zu stark erhitzen. Mit einer Schöpfkelle etwas vom Teig in die Pfanne geben und wie einen Pfannkuchen von beiden Seiten braten, bis er eine goldbraune Farbe hat.

※ ※ ※ ※ ※ ※ ※ ※ ※ ※ ※ ※

Tipp: Die tibetischen Pfannkuchen schmecken gut mit Sirup, Marmelade oder Honig. Wenn man den Pfannkuchen ohne Zucker zubereitet, kann man sie auch mit Dips füllen oder Käse und anderen herzhaften Zutaten belegen.

※ ※ ※ ※ ※ ※ ※ ※ ※ ※ ※ ※

Gebetstischchen eines
Mönchs in einem Tempel
[tib. Lhakhang] mit
verschiedenen
Ritualgegenständen

Tsampa als glückverheißendes Symbol

Als glückverheißendes Symbol spielt Tsampa im Leben der Tibeter eine große Rolle. In Tibet gibt es zum Beispiel den uralten Brauch, zu besonderen Anlässen Tsampa in die Luft zu werfen. Die Ursprünge dieser Tradition liegen im Dunkeln. Es gibt keinerlei schriftliche Quellen, sondern lediglich mündliche Überlieferungen dieses Rituals. Man kann jedoch davon ausgehen, dass dieser Brauch schon vor der Einführung des Buddhismus in Tibet bekannt war. In früheren Zeiten wurde das Ritual zum Beispiel bei der Inthronisation von Königen und der Ernennung von Ministern durchgeführt. Es wurde auch bei Hochzeiten als Zeichen für Glück und Wohlstand zelebriert. Etwa im 13. Jahrhundert begann man bei allen wichtigen Anlässen wie Hochzeiten, Geburtstagen oder zu Neujahr Tsampa in die Luft zu werfen.

Das Ritual läuft an Neujahr folgendermaßen ab: Begegnen sich zwei Personen, nimmt einer eine Prise Tsampa und wirft sie in die Luft, während er »Tashi Delek« (Glück und Segen) ruft. Die zweite Person entgegnet darauf: »Tashi Delek! Viel Glück und Gesundheit. Mögest du die unwandelbare Freude erreichen und möge diese immer anwachsen.« Tsampa auf diese Weise in die Luft zu werfen ist ein Ausdruck der guten Wünsche für einen selbst und das Glück der anderen und für die Überwindung aller Hindernisse für das kommende Jahr.

Ein anderes Beispiel ist das uralte Bangse-Ritual, das bei der Geburt eines Kindes durchgeführt wird und das dazu dient, Unglück von Mutter und Kind fern zu halten. Heute ist es jedoch fast nur noch in ländlichen Gegenden zu finden. Am dritten Tag nach der Geburt eines Jungen, am vierten oder fünften bei einem Mädchen, kommen Nachbarn und Verwandte zu Besuch. Als Geschenke bringen sie Kinderkleidung, außerdem Butter, Gerstenbier, Tee und einen mit Tsampa gefüllten Beutel aus Schafleder, der auf tibetisch »Thangku« genannt wird. Diese Nahrungsmittel sind Symbole der Hoffnung für ein langes Leben der Mutter und einer guten Gesundheit des Kindes. Nachdem die Gäste der Mutter und dem Kind einen Khatag, einen weißen Seidenschal, als Segenswunsch um den Hals gehängt haben, überreichen sie ihre Gaben. Als besonderes Zeichen des Segens legen sie dem Kind etwas Tsampa auf die Stirn, wobei weitere Segenswünsche gesprochen werden.

Khapse, Ting Momos und Logo Momos

Rhukro

Neujahrsbrot

Das Ghee schmelzen lassen und mit dem Mehl mischen. Dann Zucker und Wasser zu einem Sirup vermischen und den Sirup in den Teig einarbeiten.

Jetzt den Teig in 4 Bälle teilen und zu Rechtecken ausrollen (ca. 2-3 mm dick). Daraus Streifen schneiden (ca. 1,5 cm x 12 cm). Die Teigstreifen in der Mitte der Länge nach einschneiden (nicht durchschneiden). Bei jedem Streifen das eine Ende durch die so entstandene Spalte durchziehen. Die Teigschleifen nacheinander in heißem Öl frittieren.

100 ml Ghee
500 g Weizenmehl
250 g Zucker
250 ml Wasser
1 kg Öl zum Frittieren

Khapse | ཁ་བཟས་

Festtagsgebäck

Mehl und Backpulver untereinander rühren. In einem separaten Gefäß Milch und Zucker rühren, bis sich der Zucker aufgelöst hat. Die Butter in einem Topf schmelzen lassen. Jetzt die Milch und die geschmolzene Butter zur Mehlmischung geben und alles zu einem Teig verarbeiten. Den Teig ausrollen. Längliche Rechtecke schneiden und diese in der Mitte einschneiden. Das eine Teigende durch den Schlitz ziehen und so eine Art Schleife formen. Den so geformten Teig anschließend ins heiße Öl zum Frittieren geben.

1 kg Weizenmehl
3 TL Backpulver
600 ml Milch
4 TL brauner Zucker
50 g geschmolzene Butter
Öl zum Frittieren

꙲ ꙲ ꙲ ꙲ ꙲ ꙲ ꙲ ꙲ ꙲ ꙲ ꙲

Tipp: Es gibt zahlreiche verschiedene Möglichkeiten, Khapse zu formen, wie auf dem nebenstehenden Bild zu sehen ist. Nach Wunsch mit Puderzucker überstreuen.

꙲ ꙲ ꙲ ꙲ ꙲ ꙲ ꙲ ꙲ ꙲ ꙲

Khapse - Tibetisches Festtagsgebäck in unterschiedlichen Formen

Dips und Saucen

Achar

Scharfer Dip

2-3 Knoblauchzehen, gehackt · 1 große Zwiebel, gehackt · 1 EL gutes Pflanzenöl · 1 TL Currypulver · 2-3 Chilischoten, frisch, entkernt und in feine Streifen geschnitten · 2-3 Tomaten, gehackt · Salz, Pfeffer · 1 Spritzer Zitronensaft

Knoblauch und Zwiebeln in Öl bei geringer Hitze schmoren lassen, bis die Zwiebeln weich sind. Currypulver, Tomaten und Chilistreifen zugeben und bei geringer Hitze köcheln lassen, bis das Ganze eine saucenähnliche Konsistenz hat. Mit Salz, Pfeffer und Zitronensaft abschmecken.

Grüne Chili Achar

15 grüne Chilischoten, frisch · Essig · Salz und Pfeffer zum Abschmecken

Die Chilischoten in kleine Stückchen schneiden und in eine Tasse füllen und mit Essig verrühren. Mit Salz und Pfeffer abschmecken.

Tamarindendip

100 g Tamarinden, getrocknet
200-250 ml heißes Wasser
1/4 TL Chilipulver
1 EL Zitronen- oder Limonensaft
2 EL brauner Zucker
1/4 TL Salz

Tamarinden in heißem Wasser 25-30 Minuten einweichen. Dann die Tamarinden ausdrücken und durch ein Sieb streichen. Anschließend die restlichen Zutaten zugeben und alles im Mixer pürieren. Je nach Wassermenge ändert sich die Konsistenz des Dips.

Korianderdip

Koriander hacken und mit allen anderen Zutaten in einem Mixer zu einer Paste verarbeiten.

75 g Korianderblätter · 4 Knoblauchzehen · 3 EL Kokosflocken [nach Belieben] · 2 grüne Chilischoten · Zitronensaft · Zucker und Salz nach Belieben

Minzdip

Alles in einem großen Mörser (oder im Mixer) zu einer Paste verarbeiten. Schmeckt besonders gut zu gebratenen Momos.

50 g frische Minzblätter · 50 ml Tamarindensaft · 2 EL Zwiebeln, gehackt · 2 Knoblauchzehen · 1-2 cm Ingwer · 2-3 grüne Chilischoten · 1/2 TL Salz · 1/2 TL Zucker

Sönams Tomaten-Koriander Chutney aus Ladakh

Den Backhofen auf 250° C vorheizen. Tomaten waschen und in eine Auflaufform geben. Im Backofen 30 Minuten erhitzen, bis die Haut langsam dunkel wird. Die gebackenen Tomaten zusammen mit Koriander, Limonensaft, Ingwer, Knoblauch, Sechuanpfeffer, rotem Pfeffer und Salz pürieren.
Das Öl in einer Pfanne erhitzen. Asafötida, Bockshornkleesamen und Kumin darin anschmoren, bis sie dunkel werden. In die Tomatenpaste rühren und bis zum Servieren im Kühlschrank aufbewahren.

500 g Tomaten · 100 g Koriander, gehackt · Saft von 1/2 Limone · 1 1/2 cm Ingwer, gehackt · 4 Knoblauchzehen, gehackt · 1/2 TL Sechuanpfeffer · 1 TL roter Pfeffer, gemahlen · 1/2 TL Salz · 1 EL Pflanzenöl · 1 Prise Asafötida [Teufelsdreck] · 1/4 TL Bockshornkleesamen · 1 TL Kumin, gemahlen

Sonam Penzom Sibe

བསོད་ནམས་དཔལ་འཛོམས་སེ་པན

Koriander-Chili-Sauce

Variante 1
Koriander zerzupfen. Dann mit den restlichen Zutaten in einen Mixer geben und pürieren.

1 Bund Koriander
5 kleine grüne Chilischoten
50-60 g Chilipulver
200 g Joghurt
4-5 Knoblauchzehen, gehackt
1 TL Salz
100 ml Wasser

Variante 2
Koriander zerzupfen. Dann mit den restlichen Zutaten in einen Mixer geben und pürieren.

1 Bund Koriander
5 kleine grüne Chilis
50-60 g Chilipulver
1 große Fleischtomate, in kleine Stücke
geschnitten
4-5 Knoblauchzehen, gehackt
1 TL Salz
100 ml Wasser

Joghurtdip

Alle Zutaten untereinander mischen und kalt servieren.
Dieser Joghurtdip passt besonders gut zu gebratenen Momos.

300 g Naturjoghurt
1 grüne Chilischote
2-3 EL Koriander, gehackt
1/2 Salatgurke, in dünne Scheiben geschnitten
1/2 TL Chilipulver
1/2 TL Kumin, gemahlen
Salz

Shamdur | ཤ་འབྲུང་

Scharfe Fleischsauce

Das Fleisch im Wok unter Rühren anrösten. Nach dem Abkühlen in einem großen Mörser oder im Mixer sehr fein zerkleinern.

Die Tomaten 2-3 Minuten in kochendem Wasser blanchieren. Dann zusammen mit Knoblauch, Chilipulver, Ingwer, Salz, Essig und Sojasauce im Mixer pürieren.

Das gemahlene Fleisch zugeben und erneut mixen.

Anschließend die Bockshornkleesamen in Öl anbräunen, die Zwiebeln zugeben und alles zwei bis drei Minuten anbraten. Alles zusammen vermischen.

Diese Sauce kann mit Brot, Reis oder Tsampa-»Polenta« serviert werden.

400 g getrocknetes Fleisch [s. Extra-Rezept S. 131]
1 Tomate, evtl. zusätzlich Tomatenmark
5 Knoblauchzehen, gehackt
3 TL Chilipulver
1 Stück Ingwer, nach Belieben
Salz zum Abschmecken
1 TL Essig
3 EL Sojasauce
1/2 EL Bockshornkleesamen
Öl zum Anbraten
2 große Zwiebeln, gehackt

Momo Dip

Alle Zutaten gut miteinander verrühren.

75 ml Essig
75 ml Sojasauce
75 ml Öl
2 EL Chilipaste [zum Beispiel Sambal Olek]
1/2 cm Ingwer, gehackt

Mönche während einer Teepause

Desserts

Desil

Desil | འབྲས་སིལ

Süßer Reis

Dieser süße Reis gehört traditionell zu Festtagsessen und wird bei Hochzeiten oder an Neujahr serviert. An Neujahr gibt der Dalai Lama in Dharamsala schon sehr früh am Morgen Belehrungen. Die Tibeter bringen dann ihr Desil in das Kloster und lassen es vom Dalai Lama persönlich segnen.
Traditionell wird eine tibetische Wurzel namens Droma für dieses Gericht verwendet, die in ihrem Geschmack an Kastanien erinnert. Da sie im Westen nicht erhältlich ist, kann man sie durch Esskastanien oder mit Süßkartoffeln ersetzen.

400 g Basmatireis
50 g Rosinen
1 kleine Süßkartoffel oder geröstete Esskastanien
ganze Cashewnüsse und Mandeln nach Belieben
100 g braunen Zucker
50 ml zerlassene Butter
Joghurt

Den Reis kochen.
Währenddessen die Rosinen in lauwarmem Wasser einweichen und die Süßkartoffel kochen. Die Süßkartoffel dann in kleine Würfel schneiden. Den gekochten Reis mit Nüssen, Rosinen, Zucker, Butter und Süßkartoffel vermischen.
Serviert wird der süße Reis in einer Schale, spitz hochgetürmt, zusammen mit einer kleinen Schüssel Joghurt.

Reispudding

1 l Milch
1 EL Basmatireis
1 EL brauner Zucker
1 EL Rosinen
Kardamom, gemahlen nach Belieben
1 EL Nüsse, gehackt (z. B. Cashewnüsse)

Die Milch unter Rühren aufkochen, bei geringer Hitze 20-25 Minuten weiterköcheln lassen. Reis und braunen Zucker hineinrieseln lassen und weitere 30 Minuten köcheln, bis das Ganze eingedickt ist. Rosinen und gemahlenen Kardamom zufügen und weitere 2-3 Minuten köcheln lassen.
Vor dem Servieren mit Nüssen bestreuen.

Chumí

Reisdessert

Einen Topf erhitzen und den Reis leicht darin anrösten. Den Reis dann mit Wasser kochen, abtropfen lassen und mit Butter und Zucker vermischen. Eine Schüssel mit Trockenobst, Rosinen und Nüssen auskleiden, den Reis vorsichtig einfüllen und etwas festdrücken. Diese Schale in einen Dampfkochtopf stellen und 8-10 Minuten dämpfen lassen. Anschließend die Schale herausnehmen, einen Teller auflegen und den Inhalt auf den Teller stürzen.

200 g Reis
70 g Butter
80 g Zucker oder Honig
Trockenobst nach Belieben
100 g Rosinen
Mandeln und Nüsse, gehackt, nach Belieben

Churpí | སྤུར་སྐྱིང་

Eingedickte Milch

Milch 1 1/2-2 Stunden unter ständigem Rühren mit einem Holzlöffel köcheln lassen, bis sie eindickt. Eventuell Zucker und Sahne zufügen. Die eingedickte Milch in ein Käsetuch füllen und abtropfen lassen. Anschließend in kleine quadratische Stücke schneiden und trocknen lassen. Am besten durchbohrt man die Stücke in der Mitte und hängt sie zum Trocknen auf eine Schnur. Sie werden in Tibet als Bonbon gelutscht.

2 l Milch
Zucker nach Belieben
Sahne nach Belieben

✄ ✄ ✄ ✄ ✄ ✄ ✄ ✄ ✄ ✄ ✄

Tipp: Da die tibetische Yak-Milch fetthaltiger ist als die europäische, empfiehlt es sich, die Milch gut mit Sahne zu versehen.

✄ ✄ ✄ ✄ ✄ ✄ ✄ ✄ ✄ ✄ ✄

Batsha Makhu

བག་ཚ་མར་ཁུ

Selbstgemachte Nudeln mit Käse und Karamel

Für die Nudeln:
300 g Mehl
300 ml Wasser

Für die Sauce
125 g Butter
200 g frischer Edamer
75 g brauner Zucker

Batsha Makhu ist ein typisches Hauptgericht, das an Saka Dawa serviert wird. Saka Dawa ist ein einmonatiges Fest zu Ehren der Geburt Buddhas. Viele Tibeter meiden in diesen Tagen Fleisch oder fasten zwischen dem 10. und 15. Tag des tibetischen Kalenders. An diesen Tagen wird intensiv praktiziert. Meist werden Hunderte von Niederwerfungen gemacht. An den anderen Tagen ist deshalb reichhaltige Nahrung wichtig.

Wasser und Mehl zu einem Teig vermischen und diesen 40 Minuten stehen lassen. Dann den Teig ausrollen und in ca. 1 cm breite Streifen schneiden. Die Teigstreifen mit den Fingern zu einer Schnecke aufrollen.
Wasser aufkochen, die Schnecken hineingeben und 3-4 Minuten kochen lassen.
Die Butter bei geringer Hitze schmelzen lassen. Nudeln, Käse und braunen Zucker zugeben und rühren, bis Käse und Zucker geschmolzen sind.

Tsamthug | རྩམ་ཐུག

Süßer Gerstenporridge

3 EL Tsampa
1 EL Butter
brauner Zucker nach Belieben
warme Milch oder Tee

Tsampa, Butter und Zucker in ein Schälchen geben und mit einem Löffel gut vermischen. Warme Milch oder Tee dazugeben und Schale damit füllen. Mit einem Teelöffel den Tsampa von unten schöpfen und mit der darüber schwimmenden Flüssigkeit befeuchten.

Tsampa Joghurt Dessert

Das Tsampa mit Naturjoghurt und dem braunen Zucker vermischen. Die Früchte klein schneiden und zugeben. Alles miteinander mischen.

4 EL Tsampa
125 g Naturjoghurt
1 EL brauner Zucker
frische Früchte [Äpfel, Bananen usw.]

Tsampa Quark Dessert

Quark, Tsampa und braunen Zucker miteinander mischen. Die Beeren vorsichtig unterheben.

125 g Quark
50 g Tsampa
2 EL brauner Zucker
150 g Beeren [Erdbeeren, Heidelbeeren, Himbeeren usw.]

Tibeterin an einer Feuerstelle aus Stein

Grundrezepte

Der Reis

❈ ❈ ❈ ❈ ❈ ❈ ❈ ❈ ❈ ❈ ❈ ❈

Info: In Tibet wird gerne mit Dampfkochern gearbeitet, weil durch die extreme Höhenlage der Siedepunkt des Wassers bei nur etwa 80° C erreicht wird. Vieles kann daher nicht heiß genug gekocht werden, daher benutzt man Dampfdruck.

❈ ❈ ❈ ❈ ❈ ❈ ❈ ❈ ❈ ❈ ❈

250 g Langkornreis (am besten Padma-Reis)
550 ml Wasser
Salz oder Gemüsebrühe

❈ ❈ ❈ ❈ ❈ ❈ ❈ ❈ ❈ ❈ ❈ ❈

Tipp: Soll der Reis klebrig sein, kann man 50% Langkorn und 50% Rundreis nehmen. Die Wassermenge reduziert sich in diesem Fall von 550 ml auf 400 ml.

❈ ❈ ❈ ❈ ❈ ❈ ❈ ❈ ❈ ❈ ❈ ❈

Im größten Teil Tibets ist der Reis ein Luxusnahrungsmittel. Je nach Gegend wird er aus China oder Indien eingeführt. Eine Reisart, die in unseren Ländern fast unbekannt ist, in Tibet aber sehr oft gebraucht wird, ist der Bergreis, der trocken wächst, im Gegensatz zum gewöhnlichen Reis, der in den unter Wasser gesetzten Reisfeldern angebaut wird. Seine Spreu ist meist etwas rötlich und er schmeckt weniger fade als der im Wasser gewachsene Reis. Allerdings haben die in den niedergelegenen Hängen des Himalaya wohnenden Tibeter nun vor nicht langer Zeit damit begonnen, bewässerte Reisfelder anzulegen, eine Anbautechnik, die sie von den Nepalesen übernommen haben. Bisher hatten sie sich damit begnügt, jeweils einige Hektar Wald zu verbrennen, um danach Reis anzusäen. Der auf eine solche Weise wachsende Reis ließ sich aber nicht umsetzen. Mit wenigen Ausnahmen haben alle Tibetaner Reis gern. Nur ist sein Preis wegen des langwierigen Transports auf Yaks oder Mauleseln so hoch, dass sich die weniger bemittelten Leute einen häufigen Genuss nicht leisten können.

Alexandra David-Néel

Dre | འབྲས་

Zubereitung von Reis

Reis abwiegen, dann in einem Sieb unter kaltem Wasser gut abspülen. Wasser zum Kochen bringen (eventuell Salz oder Brühwürfel dazugeben). Den Reis ins kochende Wasser geben, kurz kochen lassen, dann die Hitze reduzieren und den Deckel schließen. Bei geringer Temperatur 15-20 Minuten garen lassen. Nachdem der Reis gar ist, ihn mit einer Gabel auflockern, dann weitere 10-12 Minuten zugedeckt ziehen lassen.
In Tibet wird der Reis häufig nur ca. 8 Minuten in einem Topf vorgekocht, danach wird er in einem Steamer (Dampfkocher) fertig gegart, so bleibt der Reis immer schön locker.

Tsampa | རྩམ་པ

Geröstetes Gerstenmehl

Altes Getreidemaß

In Tibet gibt es in vielen Häusern Getreidemühlen, die einen Mahlstein haben und die mit der Hand betrieben werden können. Bei größeren Mengen, die gemahlen werden müssen, gibt es in jeder Stadt auch eine große Mühle. Die großen und schweren Mühlsteine werden hier mit Wasser angetrieben, das mit einer langen Rinne aus einem Fluss die Wassermühle in Gang setzt.

Die Gerste in einem Wok unter ständigem Rühren rösten, bis sie eine schöne dunkelbraune Färbung annimmt. Dann abkühlen lassen und in einer Getreidemühle zermahlen.

1 kg Gerste

Pag Tshö | སྦག་ས་ཚོད

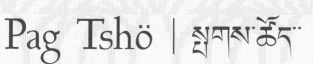

Tsampa-Polenta

Die Butter in einer Pfanne erhitzen, die Gemüsebrühe dazugeben und mit einem Schneebesen das Tsampa unterrühren. Bei geringer Hitze weiterrühren, bis eine breiige Masse entsteht. Kann zu allen Gemüse-, Tofu- oder Fleischsaucen gegessen werden.

50 g Butter
200 ml Gemüsebrühe
3 gehäufte EL Tsampa
1 Prise Salz

123

Die Butter

Der Vorgang des Butterns besteht lediglich in der Vereinigung der Fettkügelchen der Milch zu einer halbfesten Masse. Butter kann in jedem Behältnis geschlagen werden. Manche Familien in Tibet benutzen zur Butterherstellung auch eine zusammengenähte Tierhaut, in die der Milchrahm gegeben wird. Nachdem die Haut zugebunden wurde, gibt man sie den Kindern zum Spielen, die den Ballon hin und her werfen oder wie einen Fußball durch die Gegend kicken. Abends ist dann ohne Anstrengung die Butter fertig. In Tibet ist das einfachste und am weitesten verbreitete Gerät das Stoßbutterfass, ein enges hohes Fass mit einem hölzernen Stößel. Im Westen gibt es auch die Buttertonne oder auch Schlagbuttermaschine, bei der mit Hilfe von durchlöcherten Schlägern der Milchrahm kräftig durchgearbeitet wird, was zu Verwirbelungen und damit zu einer schnellen Vereinigung der Fettkügelchen führt.

Die Tibetaner haben einen großen Butterverbrauch. Sie geben sie in den Tee und in alle Nahrungsmittel, die gekocht werden. Daneben wird sie auch als Heilmittel verwendet, außerdem als Hautcreme und Schönheitsmittel, mit dem man sich Gesicht und Haare bestreicht, und schließlich ganz einfach als Leckerbissen. Bei dem trockenen und kühlen Klima Tibets kann die Butter in einem harten Zustand erhalten werden. Mit Leichtigkeit kann man aus einem dicken Klumpen Stücke schneiden und sie zwischen den Fingern halten. Von vielen Tibetanern wird sie ohne etwas anderes gegessen, sowie wir etwa Biskuits essen. Die Butter wird übrigens nicht nur aus dem auf der Milch obenauf schwimmenden Rahm, sondern aus der ganzen Milch gemacht. Es wäre ein Irrtum zu glauben, die Tibetaner würden ranzige Butter der frischen vorziehen. Aber in einem Land, in dem die Butter oft von weit her gebracht wird, kann es natürlich vorkommen, dass sie unterwegs ranzig wird. Und so isst man statt frischer eben ranzige Butter, die aber noch in anderer Hinsicht wertvoll ist: Schimmelgrüne oder schon vollkommen verfaulte Butter wird als Brennstoff für die Leuchter auf den Tempelaltären oder in den privaten Gebetsstätten verwendet.

Alexandra David-Néel

Antikes Butterfass   10 l Milchrahm

Mar | མར་

Butter

Der von der frischen Milch abgenommene Rahm - der sich im Sommer gewöhnlich binnen 12, im Winter in 24 Stunden absondert - wird gesammelt. Durch Schütteln, Umrühren, Schlagen oder Stoßen entsteht schließlich die Butter.
Um die Prozedur zu vereinfachen, kann man auch einen Mixer auf niedrig gestellter Stufe verwenden.

✄ ✄ ✄ ✄ ✄ ✄ ✄ ✄ ✄ ✄

Die Tibetaner ernähren sich mit zahlreichen Milchprodukten, aber selten in deren ursprünglichster Form, der Milch selbst. Ein beträchtlicher Teil der Milch wird in Cho umgewandelt, der mit unserem Joghurt vergleichbar ist. Ein anderer Teil wird zur Herstellung von Butter verwendet und aus einem sehr geringen Teil macht man Käse. Der Cho wird auf sehr einfache Weise hergestellt. Man verwendet zwei geradwandige Holzfässchen, die kaum je gewaschen werden. Nun schüttet man warme Milch hinein, wobei die alten Cho-Reste an den Wänden als Ferment wirken. Nach einigen Stunden ist die Milch dick geworden; sie hat sich in einen sehr nahrhaften und gesundheitsfördernden Cho verwandelt. Es gibt zwei verschiedene Qualitäten von Cho. Die bessere Qualität wird aus Vollmilch gemacht, während für die schlechtere teilweise entrahmte Milch genommen wird. Eine noch schlechtere Qualität wird aus den Milchresten der Milch, die zur Butterherstellung gebraucht wurde, gemacht.

Alexandra David-Néel

✄ ✄ ✄ ✄ ✄ ✄ ✄ ✄ ✄ ✄

Der Cho

Heilige Stätte zur Verehrung von Wassergeistern [tib. Lus]

Cho | ཆོ

Joghurt

Die Milch aufkochen, vom Herd nehmen und abkühlen, bis sie ca. 45-55° C erreicht hat. Den Joghurt zugeben und mit einem Schneebesen vorsichtig unterrühren. Die Mischung ca. 8-12 Stunden (über Nacht) an einen warmen Platz stellen.

1 1/2 l Milch
100 g Naturjoghurt

✄ ✄ ✄ ✄ ✄ ✄ ✄ ✄ ✄ ✄ ✄ ✄ ✄ ✄ ✄ ✄
Tipp: Zur richtigen Temperierung kann man auch eine Joghurtmaschine benutzen.

✄ ✄ ✄ ✄ ✄ ✄ ✄ ✄ ✄ ✄ ✄

Der Käse

Käse, der bei den Tibetern nichts anderes als getrocknete Sauermilch ist, kann in verschiedenen Formen vorkommen. Zunächst einmal in Form von Pulver mit größeren Klümpchen, das vor allem in der Küche verwendet wird. Dann in Form von Würfelchen von 2-3 Zentimeter Seitenlänge oder in Form von ziemlich großen, viereckigen Fladen. Die kleinen, vollständig ausgetrockneten und steinharten Würfel werden oft in der Mitte durchstoßen und rosenkranzartig aneinander gereiht. Manche Reisende stecken solche »Käsekränze« in ihren Ambag. (Der Ambag ist eine Art Kleiderfalte, die vom großen tibetanischen Gewand auf der Brust gebildet wird. Das Gewand wird bei der Taille mit einem Gürtel zusammengeschnürt.) Unterwegs binden sie eines dieser Würfelchen los, zerschlagen es am Wegrand mit einem Stein und stecken sich ein oder zwei Stückchen in den Mund. Niemand sollte es sich einfallen lassen, diese kleinen essbaren Steine sofort zu zerkauen; man würde sich daran nur die Zähne ausbeißen. Wenn man sie mit Geduld lutscht, werden sie vom Speichel und von der Wärme allmählich aufgeweicht und nach etwa einer halben Stunde kann der Käse endlich auch von den Zähnen, vorausgesetzt, sie sind stark genug, weiterverarbeitet werden. Da dieser Käse außerdem eine konzentrierte Kraftnahrung darstellt, ist er für die Reisenden geradezu ideal, um ihnen bei großen Abständen zwischen den Mahlzeiten über den Hunger hinwegzuhelfen. Will man den Käse dagegen bei einer regulären Mahlzeit einer Tsampasuppe oder Reis beifügen, so muss er zuerst mit dem Hammer auf einem Stein zermalmt werden. Als Beigabe zu Tsampa oder anderen Speisen wird aber sehr oft auch ein getrockneter Rahm verwendet.

Alexandra David-Néel

Getrockneter Käse in verschiedenen Formen

Chura | སྲུ་ར་

Frischkäse

Joghurt herstellen (s. Extrarezept S. 125). Den Joghurt in einen Topf füllen und aufkochen lassen, dann den Zucker zugeben. Wenn sich die grünliche Molke von den festen Bestandteilen trennt, den Topf vom Herd nehmen und in ein in einem Sieb ausgelegtes Käsetuch oder durchlässiges Leinentuch abgießen. Anschließend mit kaltem Wasser durchspülen. Das Tuch oben schließen und so viel Flüssigkeit wie möglich auspressen. Danach zum Abtropfen aufhängen oder das Ganze in einem Sieb mit einem schweren Gegenstand belasten.
Je nach Belieben kann man die Konsistenz des Frischkäses variieren: Je länger es gepresst wird, desto fester ist später die Konsistenz. Eine weitere Variante ist es, den gepressten Käse im Kühlschrank auf einem Teller über Nacht trocknen zu lassen.

2 kg Naturjoghurt
Zucker nach Belieben

Churkam | སྲུ་ར་སྐམ་

Getrockneter Käse

Churkam wird zunächst wie Frischkäse (s. oben) zubereitet. In diesem Fall wird der Frischkäse zunächst über Nacht im Kühlschrank getrocknet. Dieser wird in quadratische Würfel geschnitten und diese Würfel erhalten ein Loch in der Mitte. Auf einer Schnur werden die Käsestücke aufgezogen und an einem trockenen, warmen, fliegensicheren Ort ca. 1 Woche getrocknet.
Es dient als Zutat für viele Gerichte, kann aber auch als Bonbon genutzt werden, und ist fast unbegrenzt haltbar.

2 kg Naturjoghurt
Zucker nach Belieben

꙾   ꙾   ꙾   ꙾   ꙾   ꙾   ꙾   ꙾   ꙾   ꙾

Tipp: Man kann die Käsewürfel auch im Backofen bei geringer Hitze trocknen.

꙾   ꙾   ꙾   ꙾   ꙾   ꙾   ꙾   ꙾   ꙾   ꙾

Panir

Indischer Käse

4 l Milch
200 ml Wasser
75 ml Essig oder Zitronensäurekristalle, in Wasser aufgelöst

Die Milch aufkochen und sobald sie steigt vom Herd nehmen. Wasser und Essig mischen und diese Mischung langsam in die gekochte Milch gießen. Sobald die Milch gerinnt und sich die grünliche Molke klar von den Milchflocken abhebt, nichts mehr zugeben. Anschließend durch ein durchlässiges Käsetuch abseihen und mit kaltem Wasser durchspülen. Das Tuch oben schließen und so viel Flüssigkeit wie möglich auspressen. Zum Abtropfen aufhängen oder das Ganze in einem Sieb mit einem schweren Gegenstand belasten.

⋇ ⋇ ⋇ ⋇ ⋇ ⋇ ⋇ ⋇ ⋇ ⋇ ⋇

Tipp: Man erhält bei diesem Rezept in etwa das gleiche Resultat wie bei tibetischem Chura, nur dass hier die Joghurtherstellung wegfällt und die Zubereitung schneller geht.

⋇ ⋇ ⋇ ⋇ ⋇ ⋇ ⋇ ⋇ ⋇ ⋇ ⋇

Garam Masala

4 EL Kreuzkümmelsamen
4 EL Koriandersamen
1 1/2 EL Kardamomsamen
2 Zimtstangen (ca. 8 cm lang)
3 1/2 EL schwarzer Pfeffer
5 Lorbeerblätter, getrocknet und im Mörser zermahlen
1/4 Muskatnuss, gerieben

Den Wok erhitzen. Alle Zutaten zugeben und unter ständigem Rühren 8-10 Minuten rösten, bis die Farbe der Gewürze ein paar Nuancen dunkler geworden ist. Abkühlen lassen und in einer Gewürzmühle fein zermahlen.
Das Garam Masala hält im verschlossenen Gefäß, kühl und dunkel gelagert, ca. 3 Monate.

⋇ ⋇ ⋇ ⋇ ⋇ ⋇ ⋇ ⋇ ⋇ ⋇ ⋇

Tipp: Garam Masala gibt es fertig in Asialäden und gut sortierten Supermärkten zu kaufen.

⋇ ⋇ ⋇ ⋇ ⋇ ⋇ ⋇ ⋇ ⋇ ⋇ ⋇

Zum Melken werden die Ziegen oft aneinander gebunden und reihum gemolken.

Das Trockenfleisch

Zu Beginn des Winters werden die Tiere, vor allem die Schafe, zu Hunderten getötet. Das frische Fleisch wird an Stricken im Freien aufgehängt, manchmal aber auch über dem Herd getrocknet, dies jedoch nur in kleinen Mengen für den Bedarf der Familie. Das im Freien getrocknete Fleisch ist dagegen Handelsware, für die keinerlei Absatzschwierigkeiten bestehen, denn in allen Gesellschaftsschichten Tibets wird das Trockenfleisch dem Frischfleisch vorgezogen. Da in Tibet immer eine glühende Sonne scheint, selbst mitten im Winter, (Lhasa liegt auf demselben Breitengrad wie Alexandria in Ägypten) und das Klima infolgedessen sehr trocken ist, wird das Fleisch an der Sonne, aber auch bei Wind und Frost in kurzer Zeit fast ebenso hart wie Holz, wobei es in ausgezeichnetem Zustand bleibt. So kann es von den Reisenden leicht mitgeführt oder in den Häusern lange Zeit aufbewahrt werden. Wenn es anfängt, beim Schneiden zu zerfallen, wird es nicht etwa als ungenießbar weggeworfen, sondern in einem Mörser zu feinem Pulver zerrieben. In dieser Form nehmen es die Karawanenführer mit, die eine lange Reise vor sich haben und das Gepäck deshalb auf das Minimum beschränken müssen. Ein Sprichwort behauptet, dass man auf diese Weise in einem ellengroßen Sack das Fleisch eines ganzen Yaks unterbringen kann. Wenn die Reisenden lange Strecken zurücklegen müssen, ohne sich größere Pausen zum Kochen erlauben zu können, lösen sie unterwegs etwas von dem Pulver in einer Schale mit Wasser auf und trinken es. Dies ist eine äußerst konzentrierte Aufbaunahrung.

Alexandra David-Néel

Sha Kampo | ཤ་སྐམ་པོ

Getrocknetes Fleisch

Variante 1

Das Fleisch in lange dünne Streifen schneiden, je länger, desto besser.
Das Salz im Wasser auflösen und das Fleisch in das Salzwasser eintauchen.
Das Fleisch zum Trocknen unter einem Fliegenschutz 3-4 Tage trocknen (eventuell auch länger, bis man es in Stücke brechen kann). Man kann es als Suppeneinlage oder als Snack wie Chips essen.

2 kg Rind- oder Lammfleisch
2 EL Salz
1/2 l Wasser

Variante 2

Das Fleisch in lange dünne Streifen schneiden, je länger, desto besser.
Salz, Sojasauce, Chilipulver und gehackte Knoblauchzehen vermischen und das Fleisch darin wälzen. Dann das Fleisch zum Trocknen unter einem Fliegenschutz 3-4 Tage trocknen (eventuell länger, bis man es in Stücke brechen kann).

2 kg Fleisch
1 TL Salz
200 ml Sojasauce
1 EL Chilipulver
3 Knoblauchzehen, fein gehackt

Gruppe von steinernen Chörten in Ladakh. Chörten sind Reliquienschreine und gleichzeitig Abbild des buddhistischen Kosmos

Kuriositäten

der tibetischen Küche

Die Schlachtabfallsuppe

✳ ✳ ✳ ✳ ✳ ✳ ✳ ✳ ✳ ✳

Die Tibetaner haben die abstoßende Gewohnheit, den Magen eines getöteten Tieres mit dessen Herz, Nieren, Leber und Eingeweiden zu füllen. Dann nähen sie den »Sack« zu; der Inhalt wird während Tagen, Wochen und sogar noch länger darin eingeweicht. Man macht damit eine Suppe, die vor allem bei den ärmeren Leuten sehr beliebt ist.

Die kalte Suppe mit rohem Hackfleisch

✳ ✳ ✳ ✳ ✳ ✳ ✳ ✳ ✳ ✳

Man gießt kaltes Wasser über sehr feines, suppenfleischähnliches rohes Hackfleisch und würzt mit gehackten Zwiebeln, Pfeffer und Muskatnuss oder anderen chinesischen Gewürzen, um daraus eine blutige, kalte Suppe zu machen. Für das Auge wie für den Gaumen jedes Abendländers ist sie ekelerregend, während der Tibetaner sie köstlich findet. Sie wird mit dem Löffel gegessen oder direkt aus der Schale getrunken, allein oder mit etwas Pa.

Hornissenlarven

✳ ✳ ✳ ✳ ✳ ✳ ✳ ✳ ✳ ✳

Die Hornissen, die man in den Himalayaregionen und bestimmten anderen Gebieten findet, sind für die Tibetaner ein großer Leckerbissen. Sie sind sehr groß und leben wie die Bienen in einem Staat, aber in unterirdischen Nestern, die leichte Bodenerhebungen bilden. Es ist ein gefährliches Unterfangen, sich ihrer Larven zu bemächtigen. Wenn die Jäger ein Nest entdeckt haben, stapeln sie einen Haufen Buschwerk darauf und zünden es an. Die Hornissen fliegen scharenweise heraus, und viele werden schon am Ausgang des Nestes versengt. Der Rest wird vom Rauch zerstreut. Wer nicht genug Zeit gehabt hat, sich in eine sichere Distanz zu bringen, ist nicht gerade zu beneiden. Denn die Stiche dieser großleibigen Insekten sind sehr schmerzhaft. Sie verursachen eine starke Schwellung und mehrere Tage anhaltendes Fieber. Sechs Stiche sollen bereits genügen, um einen Ochsen umzubringen. So kehren die Jäger erst am nächsten oder übernächsten Tag zum Nest zurück; sie zertrümmern es mit der Hacke und sammeln die Larven ein, die wie winzige weißliche Blutwürste aussehen. Die Larven werden in Butter gebacken und allein oder zu Reis gegessen. In einigen kleinen Fürstentümern Tibets, die innerhalb oder an der Grenze des eigentlichen tibetanischen Territoriums liegen, gibt es eine Art Riesenhornisse. Aber der Larvenfang ist den Einwohnern strengstens untersagt. Einzig der Gemeindevorsteher hat das Recht, sich dem Genuss dieser vorzüglichen Speise hinzugeben. Wer gegen dieses Gesetz verstößt, wird zu einer nahrhaften Buße verurteilt.

Die Knochen

Die Verwendung von Knochen bei der Zubereitung von Suppen ist merkwürdig genug, um beachtet zu werden. Die vom Fleisch entblößten Knochen werden während einer unbestimmten, aber jedenfalls sehr langen Zeit aufbewahrt. Aus gut ausgetrockneten Knochen soll sich nämlich ein köstlicher, ganz besonders heilsamer Bouillon machen lassen. Manchmal lässt man die Knochen so lange in siedendem Wasser, bis sie so weich werden, dass man sie zerkauen kann. Gewisse Feinschmecker essen ihre Tsampa - oder Reissuppen nur aus Schalen, in denen sich viele dieser aufgeweichten und zerkleinerten Knochenstücke befinden.
Die Knochen können auch zerstoßen werden, bis ein raues, körniges Pulver entsteht, das etwa die Konsistenz von grobem Salz besitzt. Dieses Pulver wird unter Zugabe von Wasser zum Kochen gebracht. Dann füllt man Tsampa oder Reis und Gemüse hinzu. Einige Liebhaber zerkauen den unter den Zähnen knirschenden Knochenbrei gerne, aber im Allgemeinen wird er nur von den Armen gegessen, die sich kein Fleisch leisten können. Letztere schaben den Knochen auch ab und geben das Abgeschabte als Butter-, Fett- oder Ölersatz in den Tee oder mischen es unter das Gemüse.
Oft begraben die Armen die gesammelten Knochen unter einem Haufen Korn. Nach einiger Zeit werden die schimmelgrünen Knochen abgeschabt und zu einem feinen Pulver zerrieben. Solches Pulver aus alten, schimmligen Knochen soll die Speisen viel schmackhafter machen.

Alexandra David-Néel

Segnung der Mahlzeiten

TÖNPA LAME SANGYÄ RINPOCHE
KYABPA LAME DAMCHÖ RINPOCHE
DRENPA LAME GENDÜN RINPOCHE
KYABNÄ KÖNCHOG SUM LA CHÖPA BÜL

3X OM AH HUNG

Dem höchsten Lehrer, dem kostbaren Buddha,
Dem höchsten Schutz, der heiligen und kostbaren
Lehre,
Dem höchsten Führer, dem kostbaren Sangha,
den Objekten der Zuflucht, den drei Juwelen
bringe ich dar.

3X OM AH HUNG

⌘ ⌘ ⌘ ⌘ ⌘ ⌘ ⌘ ⌘ ⌘ ⌘ ⌘ ⌘ ⌘ ⌘

Die buddhistische Praxis sollte nach und nach alle Bereiche des alltäglichen Lebens durchdringen. So sollte auch der Vorgang des Essens als Möglichkeit zur Praxis erkannt und genutzt werden. Die tibetischen Lehrer werden nie müde, die Vorzüge zu preisen, die von dieser kurzen Praxis herrühren.

Eine besonders gute Möglichkeit, Freigebigkeit zu üben und täglich große Verdienste anzusammeln besteht darin, den ersten Teil der Nahrung den drei Juwelen, den Buddhas, Bodhisattvas und dem eigenen Wurzellehrer zu opfern. Dies kann durch ein kurzes Gebet geschehen, das man selber verfasst hat, oder aber durch das unten abgedruckte kurze Gebet, das in buddhistischen Zentren aller tibetischen Traditionen sehr verbreitet ist.

Nachdem man das Gebet rezitiert hat, segnet man die Nahrung, indem man dreimal die Silben OM AH HUNG rezitiert. Diese transformieren das gewöhnliche Essen in einen vorzüglichen Nektar. Mit der Rezitation ist die unten beschriebene Visualisierung verbunden:

Vor einem im Raum, über dem Essen, befinden sich die weiße Silbe OM, die rote Silbe AH und die blaue Silbe HUNG. Während man zum ersten Mal OM AH HUNG rezitiert, erscheinen alle Buddhas und Bodhisattvas der drei Zeiten ebenfalls vor einem im Raum (es genügt, sich ihrer Präsenz bewusst zu sein). Eine andere Möglichkeit besteht darin, den eigenen Lehrer oder Yidam, die persönliche Meditationsgottheit, als Repräsentant aller Erleuchteten zu visualisieren. Als Nächstes, während der zweiten Rezitation des Mantras OM AH HUNG, fließt von den Buddhas und Bodhisattvas der Segen und die Energie des erleuchteten Körpers, der Rede und des Geistes in die drei Silben vor uns im Raum. Während der dritten Wiederholung des Mantras senken sich die vor Energie und Segen strahlenden Buchstaben in die Nahrung herab, die auf diese Weise transformiert wird. Alle dualistischen Vorstellungen über Reinheit und Unreinheit der Nahrung werden aufgelöst. Auch Vorstellungen über Nahrung, den Vorgang des Essens und die Person, die die Nahrung verzehrt, lösen sich vollständig auf.

Fasten im Buddhismus

Siddharta, der junge Buddha, traf während seiner Suche nach Erleuchtung auf Asketen, die unter anderem strenges Fasten gelobt hatten. Er schloss sich ihnen an, da er hoffte, auf diese Weise zur Erkenntnis zu gelangen. Doch fast zum Skelett abgemagert erkannte er, dass eine solche Kasteiung des Körpers nicht zur vollkommenen Erleuchtung führen kann. Der Weg zur Erleuchtung ist der »Weg der Mitte« zwischen den beiden Extremen Wollust und strenger Askese.

Aufgrund dieser Erkenntnis gehört strenges Fasten eigentlich nicht zu den Grundlagen des Buddhismus. Gelegentliches Fasten wird allerdings als spezielle Übung genutzt, um sich mit einem Zustand der Bedürfnislosigkeit vertraut zu machen. Anhaftungen und Gewohnheiten können so durchbrochen werden.

Zeitweiliges Fasten, verbunden mit der richtigen Geisteshaltung ist jedoch schon immer Teil des buddhistischen Übungsweges gewesen. Seit den Anfängen des Buddhismus wird an Voll- und Neumondtagen gefastet oder zumindest auf Fleisch und Alkohol verzichtet. Gleichzeitig werden spezielle Regeln eingehalten und Meditationen und Rituale durchgeführt. Die Übung besteht darin, sich in Bezug auf Nahrung, Kleidung und Sprache auf ein Minimum zu reduzieren sowie Achtsamkeit und Meditation zu praktizieren. Man nimmt freiwillig Leiden auf sich, um alle fühlenden Wesen davon befreien zu können. Vergangene unheilsame Handlungen werden bereut und bereinigt. Man übt sich in der Entfaltung positiver Geisteshaltungen wie zum Beispiel Selbstlosigkeit, Bescheidenheit, Mitgefühl und Geduld. Das daraus entstandene positive Potenzial wirkt sich, nach buddhistischer Vorstellung, langfristig zum Wohle aller Wesen aus. Man selbst nähert sich, durch die so gestärkte Ethik, als Grundlage der meditativen Versenkungen, dem Ziel der Erleuchtung und dem Zustand der vollkommenen Buddhaschaft zum Wohle aller fühlenden Wesen.

Im tibetischen Buddhismus gibt es ein spezielles Fastenritual, das so genannte Nyung Neh. Dieses Ritual wurde von der buddhistischen Nonne Palmo entwickelt, die sich durch diese Übung von einer schweren Lepraerkrankung befreien konnte. Während dieser Übung wird am ersten Tag nur eine Mahlzeit, bestehend aus weißer Nahrung (s. S. 81) zu sich genommen. Am zweiten Tag enthält man sich völlig des Essens und des Trinkens, außerdem ist strenges Schweigen vorgeschrieben. Man meditiert über die 1000-armige Form des Bodhisattva Avalokiteshvara, rezitiert sein Mantra und vollführt unzählige Niederwerfungen, was eine sehr starke Reinigung von negativem Karma bewirkt und viele heilsame Eindrücke im Geist hinterlässt.

Tibeter beim Dreschen von Gerste

Nahrung im rituellen Kontext

Kunstvoll gestalteter Torma in einem buddhistischen Tempel

In Tibet findet man Nahrung zu allen möglichen religiösen Anlässen. Am auffallendsten sind wohl die kegelförmigen Opferkuchen, die man in jedem tibetischen Tempel auf dem Altar finden kann. Diese Opferkuchen, die häufig äußerst kunstvoll gestaltet sind, bezeichnet man als Tormas. Sie sind aus geröstetem, mit Butter vermischtem Gerstenmehl (Tsampa) hergestellte Opferkuchen, die häufig bemalt und mit Ornamenten aus Butter versehen sind. In Sanskrit werden sie als bali bezeichnet.

Tormas sind Objekte mit sehr hohem Symbolgehalt. So können sie bei bestimmten Ritualen als Sitz einer Gottheit dienen, die nach Beendigung der Zeremonie durch einen Lama wieder aus dem Torma entlassen wird. Als Repräsentation und Verkörperung einer Gottheit dient der so genannte wangtor, der bei tantrisch-buddhistischen Initiationen Verwendung findet. Tormas dienen außerdem als Opfergabe an verschiedene Gottheiten, als Abwehr unheilvoller Kräfte oder zur Speisung von Hungergeistern und anderen feinstofflichen Wesen. Große Tormas werden an Losar, dem tibetischen Neujahrsfest, verbrannt, um die Kräfte des Bösen zu bannen und ein glückliches neues Jahr zu sichern.

Den Tormas werden häufig besondere Substanzen beigefügt, wie zum Beispiel die fünf kostbaren Metalle, die fünf Getreidesorten und/oder die so genannten sechs aromatischen Substanzen. Häufig auch drei weiße Bestandteile wie Butter, Milch und Joghurt oder drei süße wie Zucker, Honig und Sirup. Diese beigefügten Substanzen sollen bestimmte Wirkungen hervorrufen. So sollen die fünf Getreidesorten Armut und Hunger vertreiben, die sechs aromatischen Stoffe sollen Krankheiten und Epidemien zum Erliegen bringen. Form und Farbe der Tormas richtet sich nach ihrem besonderen Sinn und Zweck und können von Tradition zu Tradition sehr verschieden sein.

Prinzipiell kann man zwei Formen von Tormas leicht unterscheiden. Weiße, kegelförmige Tormas sind den friedvollen, dreieckige, rotgefärbte, die oft etwas Alkohol enthalten, den zornvollen Gottheiten geweiht. Manchmal sieht man in buddhistischen Tempeln auch dauerhafte Tormas, die aus Ton, Holz oder Metall hergestellt sind und die als ständige Opfergabe oder Repräsentation einer Gottheit auf dem Altar stehen. Nach einem Weiheakt sind sie ein vollwertiger Ersatz für Teigtormas.

Unter Tibetern sehr bekannt ist das so genannte gyashi-Ritual, das zum ersten Mal von Buddha persönlich auf Wunsch des Gottes Indra durchgeführt wurde und das der Heilung von Krankheiten dient. Bei diesem Ritual werden 400 Gegenstände benötigt. 100 Butterlampen, 100 tsa-tsa (kleine, aus Lehm oder Ton gepresste Figürchen mit religiösen Motiven), 100 Speiseopfer und 100 Tormas.

Butterlampen, die meistens mit alter, ungenießbarer Butter gespeist werden, sind kennzeichnend für tibetische Tempel. Zu hunderten, manchmal zu tausenden brennen die Lämpchen vor den buddhistischen Schreinen und werden von den Pilgern ununterbrochen aufgefüllt. Manchmal können die Butterlampen in den Tempeln auch enorme Dimensionen annehmen. Ihre Becken können bis zu 50 Liter Butteröl und mehr fassen. Die Butterlampen brennen ununterbrochen mehrere Tage.

Die meisten tibetischen Familien haben einen eigenen Hausaltar, egal ob sie Buddhisten sind oder der alten Bön-Religion angehören. Zu den täglichen Zeremonien gehören die Opferung von Wasser in sieben kleinen Schälchen und das Entzünden von Räucherwerk sowie von einer oder mehreren Butterlampen. Kerzen werden, obwohl sie heute auch erhältlich sind, eher selten verwendet. Manchmal sind fünf der sieben Opferschalen mit Reis gefüllt, auf dem verschiedene symbolträchtige Opfergaben liegen.

Als Serkyem, was übersetzt »Goldtrunk« bedeutet, bezeichnet man ein rituelles Trankopfer an die zornvollen Gottheiten des tibetisch-buddhistischen Pantheons. Bei diesem Ritual wird den Gottheiten in einem speziellen Opfergefäß Tee dargebracht, häufig in Verbindung mit Reis oder Getreidekörnern.

Bei dem so genannten Mandalaopfer, das dazu dient, gutes Karma anzusammeln, wird Gerste oder mit Safran gefärbter Reis zusammen mit Edelsteinen in einem Set aus unterschiedlich großen Ringen geopfert. Der Meditierende erschafft dabei in seinem Geist die Vorstellung des gesamten Universums und füllt währenddessen die Ringe, die nach oben hin immer kleiner werden, nacheinander mit den Edelsteinen und den Reis- oder Gerstenkörnern. Dann wird dieses symbolische Universum den Buddhas und Bodhisattvas geopfert, was einen sehr heilsamen Eindruck im Geist hinterlässt und viel gutes Karma schafft.

Rezeptregister

Danksagung

Unser besonderer Dank gilt dem Zentralasiatischen Institut der Universität Bonn, insbesondere Herrn Hans Roth, für die Hilfe bei der Suche nach geeigneten Rezepten, Frau Dr. Veronika Ronge und ihrem Mann Namgyal Gönpo Ronge für das zur Verfügungstellen ihrer tibetischen Sammlung von Kochutensilien zum Fotografieren und Herrn Dr. Rudolf Kaschewsky und Jampa Kalsang Phukhang für die Unterstützung bei der Abklärung diverser tibetischer Fachbegriffe.

Unser Dank gilt auch den zahlreichen tibetischen und ladakhischen Freunden, insbesondere Sönam Norboo, Ngawang Sherab und Tashi Lhamo, für das Sammeln von Rezepten aus ihrer Heimat und die Möglichkeit, Einblicke in die tibetische Küche zu bekommen. Wir danken Marco Andrés Villalobos Lerchundi für seine Unterstützung beim Nachkochen der Rezepte und seinem kreativen Einsatz beim Fotografieren der Speisen. Weiterer Dank geht an Jens Nevermann und Simone Büttgen für die Hilfe bei der Vereinheitlichung der Maßangaben.

Dank gilt auch Dil Gurung Schauler, dem Inhaber des tibetischen »Buddha Haus« Restaurants in Berlin, für die Erlaubnis, in seinem Restaurant fotografieren zu dürfen und Christoph Dostal für die Recherchen in Wien.

Nicht zuletzt danken wir auch unseren fleißigen Korrekturlesern Werner Körtgen und Christian Morichon, die mit ihrem Wissen über Tibet und gutes Kochen dieses Buch ebenfalls bereichert haben.

Die Texte von Alexandra David-Néel stammen aus ihrem Buch »Gargantua au pays des neiges« und wurden uns freundlicherweise von der Alexandra-David-Néel-Gesellschaft zur Verfügung gestellt.

Die Rezepte sind in der Regel für zwei bis drei Personen gedacht. Was die Wasser- und Gewürzangaben betrifft, so sind diese bewusst variabel angegeben. Probieren Sie aus, was Ihnen schmeckt und seien Sie mit der Zugabe von Chilipulver vorsichtig, wenn Sie es nicht so scharf mögen. Das Gleiche gilt für Sojasauce: Experimentieren Sie ruhig mit verschiedenen Sojasaucen.

Bildnachweis
Archiv der Autoren: 5, 6, 11, 12, 13, 20, 21, 25, 27, 30, 31, 34, 36, 37, 42, 45, 48, 51, 53, 54, 60, 61, 63, 64, 66, 67, 68, oben, 69 oben, 72, 73, 75, 87, 89, 90, 96, 99, 102, 104, 105, 106, 107, 112, 116, 123, 124, 125, 126, 131, 139, 140; Bruno Baumann, München: 2, 8, 10, 15, 17, 19, 29, 32, 39, 41, 56, 68/69 unten, 70, 77, 80, 82, 84, 100, 113, 114, 119, 120, 129, 132, 136, 141; Alexandra David-Néel Organisation, Digne les Bains 23: Visum: 108

Besuchen Sie uns im Internet unter www.maryhahn-verlag.de

© 2003 by Mary Hahn in der F. A. Herbig Verlagsbuchhandlung GmbH, München
Alle Rechte vorbehalten
Schutzumschlag: Wolfgang Heinzel
Motive: Bruno Baumann, Karin Brucker
Karte auf Vor- und Nachsatz:
Eckehard Radehose
Lektorat: Tanja J. Frei
Satz: graphitecture book, Rosenheim
Druck und Binden:
Offizin Andersen Nexö Leipzig
Printed in Germany
ISBN 3-87287-513-2

T a k l a - M a k a n -

W ü s t e

Muztagh Ata ▲

PAKISTAN

Karakorum

Indus

K2 ▲

Karakorum-
pass

Ladakh

▲ Nanga Parbat

Srinagar ○

Leh ○

Kashmir

K u n - L u n -

Muztagh ▲

T i b e t

Dharamsala ○

U - T s a n g

Gartok ○

Sutlej

Kailash ▲

Transhimalaya

Xainza ○

Manasarovar-
See

Yarlung Tsangpo

Zhongba ○

Saga ○

Lhatse ○

Shigatse ○

⊙ Delhi

H i m a l a y a

Tingri ○

Ganges

Annapurna ▲

Chomolungma
(Mt.Everest) ▲

Thimphu ○

Kanpur ⊙

N E P A L

Kathmandu ⊙

Sikkim

Gangtok ○

I N D I E N

Karnali

Varanasi ◎

Ganges

N

0   400 km